EXPÉRIENCES FAITES EN 1873

AUX USINES DE

MM. SCHNEIDER & Cⁱᵉ, AU CREUSOT (SAONE-ET-LOIRE)

SUR

L'ACIER A CANONS

FABRIQUÉ DANS CES USINES

TEXTE ET PLANCHE

RAPPORT ADRESSÉ A M. LE MINISTRE DE LA GUERRE

PAR

M. BOBILLIER

CHEF D'ESCADRON D'ARTILLERIE

Extrait de la *Revue d'artillerie*

PARIS

BERGER-LEVRAULT & Cⁱᵉ, LIBRAIRES-ÉDITEURS

5, rue des Beaux-Arts, 5

MÊME MAISON, A NANCY, 11, RUE JEAN-LAMOUR

1874

EXPÉRIENCES FAITES AU CREUSOT

SUR

L'ACIER A CANONS

EXPÉRIENCES FAITES EN 1873

AUX USINES DE

MM. SCHNEIDER & Cie, AU CREUSOT (SAONE-ET-LOIRE)

SUR

L'ACIER A CANONS

FABRIQUÉ DANS CES USINES

TEXTE ET PLANCHE

RAPPORT ADRESSÉ A M. LE MINISTRE DE LA GUERRE

PAR

M. BOBILLIER

CHEF D'ESCADRON D'ARTILLERIE

Extrait de la *Revue d'artillerie*

PARIS

BERGER-LEVRAULT & Cie, LIBRAIRES-ÉDITEURS

5, rue des Beaux-Arts, 5

MÊME MAISON, A NANCY, 11, RUE JEAN-LAMOUR

1874

EXPÉRIENCES

FAITES AU CREUSOT EN 1873

SUR L'ACIER A CANONS

RAPPORT

ADRESSÉ A M. LE MINISTRE DE LA GUERRE

par le commandant *Bobillier*.

Depuis longtemps pratiquée en Allemagne et en Angleterre, l'application de l'acier à la fabrication des bouches à feu n'avait pas été, en France, avant 1870, l'objet d'études suivies de la part du service de l'artillerie ni de l'industrie métallurgique.

Le bronze paraissait suffisamment résistant pour les fatigues qu'avaient à supporter les canons en service, et l'on était disposé à admettre *à priori* que l'acier, métal toujours sujet à de brusques éclatements, ne peut être produit dans de bonnes conditions par l'industrie française.

Lorsque les premiers désastres de la guerre de 1870 nous eurent privés d'une partie considérable de notre matériel, l'activité des grands ateliers de construction se concentra sur la production des bouches à feu d'un nouveau modèle, se chargeant par la culasse et paraissant réaliser un sensible progrès sur celles dont l'infériorité venait d'être démontrée. De nombreuses usines voulurent profiter de cette occasion pour prouver que la fabrication des canons en acier n'est pas au-dessus des forces de la métallurgie française, et de louables tentatives, dirigées par les ingénieurs les plus compétents, furent faites dans ce sens. Plusieurs centaines de canons de 7, dont l'acier provenait soit du four Martin, soit du convertisseur Bessemer, soit enfin du creuset, furent ainsi produits ; mais les circonstances se prêtaient peu à une étude régulière et méthodique. La rapidité d'exécution était la première des conditions à remplir, tandis que de longs travaux sont nécessaires pour introduire dans la pratique une fabrication aussi délicate, et pour déterminer avec exactitude les propriétés essentielles d'un bon acier à canons.

Aussi, malgré les soins qui présidèrent à ces essais, les canons de 7 en acier ne semblèrent pas comporter une sécurité assez grande pour que l'on osât les mettre en service.

La question, néanmoins, était trop importante pour être abandonnée. L'artillerie de marine, qui s'en occupait depuis longtemps, paraissait fixée sur les conditions que doit remplir l'acier pour répondre aux exigences de son service. Une étude analogue restait à faire pour l'artillerie de terre, notamment en ce qui concerne les bouches à feu de campagne.

Les grandes vitesses que l'on veut atteindre, et le mode de chargement par la culasse qui en est la conséquence, sont peu compatibles avec l'emploi du bronze. En admettant la nécessité de lui substituer un métal plus dur, moins sujet à se déformer dans le tir, on est forcément conduit à adopter l'acier, et dans ce cas, pour ne pas se trouver tributaire de l'étranger, il ne faut rien négliger pour en introduire la fabrication courante dans notre industrie nationale.

Le succès ne peut être douteux si les maîtres de forges se voient encouragés à poursuivre les études dont ils ont eux-mêmes pris l'initiative.

Telles sont les considérations qui ont conduit à entamer avec plusieurs usines, et en particulier avec le Creu-.

sot, des pourparlers en vue de la fabrication de l'acier à canons. Les puissants moyens d'action de ce dernier établissement dont les produits jouissent d'une réputation européenne, les ressources qu'il possède, non-seulement au point de vue de la production du métal, mais encore comme atelier de construction, augmentaient l'intérêt des essais qu'il allait entreprendre.

Poursuivis avec méthode et persévérance, ces essais ont pris au Creusot une importance exceptionnelle en raison des épreuves très-diverses auxquelles l'acier a été soumis, épreuves dont le présent rapport a pour objet de rendre compte.

Avant de décrire en détail ces longues expériences, il est nécessaire d'indiquer rapidement quel a été leur point de départ et de donner sur les phases successives qu'elles ont traversées, des explications sans lesquelles on ne saurait en tirer tous les enseignements qu'elles comportent.

Premiers pourparlers avec M. Schneider. — Au moment où la question de l'acier à canons fut pour la première fois agitée avec M. Schneider, les idées n'étaient pas nettement fixées sur les qualités qu'il paraissait convenable d'exiger pour ce métal. En l'absence d'expériences directement faites par l'artillerie de terre, on pouvait prendre pour point de départ les bases admises par les praticiens qui, depuis longtemps, étudiaient cette fabrication. Les conclusions auxquelles étaient arrivés à ce sujet l'artillerie de marine en France et les officiers anglais ne différaient pas d'une manière sensible. On crut donc devoir indiquer à M. Schneider, qui les accepta, les conditions auxquelles l'acier doit satisfaire, en Angleterre, pour être admis par le service de l'artillerie.

Le canon de campagne de 80^{mm}, système de M. le colonel Maillard, fut sans discussion choisi pour type de ceux que le Creusot devait exécuter à titre d'essai. Dix canons de ce calibre devaient être livrés, à l'état de pièces ébauchées, à la fonderie de Nevers, qui les tremperait, terminerait leur usinage et les dirigerait sur Calais où ils seraient soumis aux épreuves de tir par les soins de la Commission d'expériences.

La fabrication devait commencer le plus tôt possible.

Quant aux conditions de prix, le maître de forges ne se sentant pas en mesure de les fixer d'avance avec une exactitude suffisante, on avait admis qu'il ne serait point établi de marché pour les dix canons d'essai, et que l'on tiendrait compte à la Compagnie du Creusot des dépenses faites en réglant ultérieurement la question financière.

C'est d'après ces conventions que M. Schneider commença ses études, auxquelles M. le colonel Caron, dans un court séjour fait au Creusot, prit une part active et éclairée. Six semaines après le début de ses essais, le directeur du Creusot, rendant compte au Ministre de ses premiers travaux, lui indiquait les résultats obtenus et les espérances qu'il lui était permis de concevoir.

M. Schneider demande l'autorisation de terminer et d'éprouver quelques canons au Creusot. — Dans cette lettre, en date du 15 avril 1873, il demandait, pour gagner du temps, l'autorisation de terminer dans ses ateliers un certain nombre de pièces, et de soumettre ces canons à des épreuves de tir qui seraient faites au Creusot avec le concours de l'artillerie et qui auraient uniquement pour but l'étude du métal.

Telle est l'origine de la mission confiée au commandant Bobillier. Cet officier partit pour le Creusot le 19 mai.

A cette époque, la commande primitivement faite à cette usine avait déjà subi de sensibles modifications. Au lieu de dix canons ébauchés d'un même modèle, elle devait livrer à l'artillerie 7 bouches à feu entièrement terminées, de trois calibres différents, 75, 80 et 95^{mm}.

Cette variété de types semblait à M. Schneider plutôt faite pour compliquer que pour favoriser l'étude qu'il allait entreprendre.

Préférence de M. Schneider pour l'acier doux. — *Marche qu'il propose de suivre pour arriver à la solution de la question.* — Dans les canons qu'il avait à fabriquer, l'éminent directeur du Creusot ne voyait que des essais de métal. Redoutant par-dessus tout les éclatements brusques auxquels l'acier est d'autant plus exposé que son degré de dureté est plus élevé, M. Schneider ne cachait pas ses préférences pour l'acier doux. Produire un métal qui, tout en ayant une résistance de beaucoup supérieure à celle du bronze, fût néanmoins susceptible de prendre, sous l'action de la poudre, des déformations considérables, et d'indiquer sa fatigue par des signes extérieurs bien caractérisés, tel était, selon lui, le premier but à poursuivre, but que la pureté des matières premières dont le Creusot dispose lui donnait l'espérance d'atteindre rapidement, surtout en ne cherchant pas à dépasser une certaine limite de dureté au delà de laquelle la sécurité et la régularité de la fabrication lui semblaient plus difficiles à obtenir. Il proposait donc de construire, dans des conditions telles qu'aucun élément étranger ne pût en modifier la résistance, c'est-à-dire sans frettes ni tubes, des canons en acier doux de nuances différentes, que l'on soumettrait ensuite comparativement à des épreuves identiques. Le métal de la bouche à feu qui aurait pris les moindres déformations, tout en paraissant offrir contre les éclatements brusques une sécurité absolue, serait choisi pour le type dont on devrait chercher à se rapprocher le plus possible dans une fabrication courante.

De son côté, l'artillerie consentait volontiers à consacrer quelques pièces aux essais d'acier doux que M. Schneider voulait entreprendre ; mais elle attachait une grande importance à la fabrication des canons de 75 et de 95^{mm}, qui devaient permettre de comparer les aciers du Creusot à ceux d'autres provenances, des bouches à feu de ces deux calibres ayant été mises en commande dans d'autres usines.

Des difficultés d'un autre genre ne tardèrent pas à compliquer la question. Des rondelles avaient été détachées, après le martelage, à la culasse des canons de 80^{mm} et envoyées à la fonderie de la marine à Nevers, pour y être soumises à des épreuves de traction. En présence des doutes émis par le directeur de cet établissement sur la qualité de l'acier, M. Schneider crut devoir renoncer à la fabrication de ces bouches à feu. La demande qu'il fit à ce sujet reçut l'approbation du Ministre de la guerre, et les deux canons de 80^{mm} déjà forés et tournés, changeant de destination, durent être alésés au calibre de 78^{mm},6 et recevoir la disposition intérieure et la fermeture de culasse des canons Olry, tout en conservant la forme extérieure de ceux de M. le colonel Maillard.

Fixation définitive de la commande. — La commande à exécuter au Creusot fut alors définitivement arrêtée. Elle se composait de six bouches à feu :

    2 canons de 75^{mm} ;

    2 canons de 95^{mm} ;

    2 canons de 78^{mm},6.

Les quatre premières pièces devaient être entièrement terminées au Creusot, sauf le rayage et la pose du grain de lumière dont l'atelier de Puteaux avait été chargé sur la demande de M. Schneider. Elles devaient être essayées à Calais.

Les canons de 78^{mm},6 en acier doux, sans frettes ni tubes, dont la rayure à pas constant n'exigeait pas la création d'un outillage compliqué, devaient être entièrement terminés au Creusot, où ils seraient soumis à des épreuves de tir, conformément à un programme déterminé.

A ces deux derniers canons vint plus tard s'adjoindre (autorisation ministérielle du 4 août) une troisième pièce frettée, du même calibre, que M. Schneider avait offert de construire à ses frais, dans le but de comparer directement, en les soumettant aux mêmes épreuves, les bouches à feu frettées ou non frettées.

Les canons de $78^{mm},6$ devant être exclusivement con-
sacrés à l'essai comparatif d'aciers de nuances diverses,
toute latitude avait été laissée à M. Schneider quant au
choix du métal à employer, mais les conditions de réception primitivement imposées subsistaient pour les quatre
autres bouches à feu. Néanmoins, les essais à la traction
ayant, comme on le verra plus loin, donné pour les canons
de 75^{mm} des résultats notablement inférieurs aux chiffres
fixés, on crut ne pouvoir laisser continuer l'usinage de ces
pièces sans en référer au Ministre, qui, d'après l'avis émis
par la Commission d'études des bouches à feu du Dépôt
central, jugeant opportun d'essayer les aciers du Creusot
dans les conditions qui semblaient les meilleures à leur
producteur, consentit à les admettre en dehors des conditions de réception convenues. La question étant tranchée
pour les canons de 75^{mm}, on ne jugea pas nécessaire de
la poser plus tard pour ceux de 95^{mm}, dont le métal, sensiblement moins doux, se rapproche davantage du degré
de dureté indiqué par l'artillerie anglaise à M. Firth pour
la fabrication de ses aciers à canons.

Tubes en acier. — Pendant que ces bouches à feu se pré-
paraient, M. Schneider, dans le but de faire sur le métal
des études plus rapides et moins coûteuses, faisait confec-
tionner, d'après l'exemple de M. Whitworth, quelques
tubes en acier ayant les mêmes diamètres que le canon
de 80^{mm}, pouvant contenir jusqu'à 1 200 grammes de
poudre et fermés aux deux extrémités par des tampons
vissés.

Les premiers essais de ce genre offrirent un tel intérêt
que l'on crut devoir les compléter et les étendre. Trois
séries d'expériences eurent lieu ainsi successivement :
deux tubes en bronze, fournis par la fonderie de Bourges,
et douze tubes en acier, provenant des lingots d'où l'on
avait tiré les trois canons de $78^{mm},6$ et l'un des canons de
95^{mm}, furent soumis à des épreuves dont on trouvera plus
loin le compte rendu détaillé.

Fabrication des bouches à feu. — Quelques mots restent à dire sur la fabrication des bouches à feu, et sur les observations auxquelles elle a donné lieu.

Principe du four Martin-Siemens. — Le four Martin-Siemens, qui a servi à la fabrication des lingots, a pour principe la décarburation d'un bain de fonte par des additions successives de fer en quantité convenable pour donner de l'acier d'une nuance déterminée. Le bain est en contact avec un courant de gaz enflammés qui produisent une température très-élevée.

L'acier de 6 canons a été ainsi obtenu. Le métal du 7e était le résultat d'un chargement spécial, ayant pour but d'augmenter encore la douceur et la pureté du métal. Le canon n° 1 de 78^{mm},6 et les quatre tubes qu'a fournis ce lingot ont pleinement répondu à l'attente de M. Schneider et justifié le titre d'extra-doux qui avait été donné à l'acier.

Martelage. — Le martelage des lingots a eu lieu sous le marteau-pilon de 14 tonnes, le plus fort que possède actuellement le Creusot. Peut-être l'acier à canons gagnerait-il à être corroyé sous un engin plus puissant.

Forage annulaire. — Après l'étampage et le recuit, les pièces étaient tournées et forées, en conservant à l'intérieur et à l'extérieur une surépaisseur de 3^{mm}. Le forage avait lieu annulairement, méthode qui réussit pleinement et qui, tout en ménageant beaucoup l'outil, fait gagner un temps précieux.

Trempe. — Pour la trempe, les canons étaient chauffés dans un four vertical, d'où une grue à vapeur les sortait pour les plonger rapidement dans la cuve à l'huile. Un procédé de trempe particulier a été appliqué aux canons de 75^{mm} et de 78^{mm},6. On trouvera plus loin la description de ce procédé et l'appréciation des résultats qu'il a donnés.

Frettage. — L'alésage, le tournage extérieur, après la trempe et le rayage (¹), n'ont rien offert de particulier. Mais

---

(¹) Pour les canons de 78^{mm},6 seulement.

il n'en est pas de même du frettage. La fabrication des frettes peut se faire de deux manières différentes. Dans certaines usines qui produisent de l'acier au creuset, on les obtient par le forage d'un lingot d'acier préalablement corroyé et étiré à la dimension extérieure voulue. On choisit pour cet objet des aciers durs, que le four Martin est impuissant à produire avec régularité.

Le second procédé consiste à enrouler en spirales des barres d'acier puddlé et à les souder ensuite sous le marteau-pilon. Il a l'avantage de donner à la frette une résistance extrême dans le sens transversal et, par suite, de présenter contre les chances d'éclatement des garanties considérables. Mais il a l'inconvénient d'exiger un outillage perfectionné et une grande sûreté de fabrication.

Les frettes porte-tourillons ont été faites au Creusot en acier Martin, les autres en acier puddlé. Comme on n'avait pas jugé à propos, pour une aussi faible commande, de créer les fours et les outils spéciaux nécessaires, les frettes, au delà d'une certaine longueur, durent être faites de deux morceaux, que l'on soudait ensuite à coups de pilon; procédé défectueux et inadmissible dans une fabrication courante.

D'un autre côté, l'acier puddlé n'est pas une des productions habituelles de l'usine; le four dont on se servait ne marchait qu'à des intervalles irréguliers, et l'ouvrier, en raison du petit nombre de barres qui lui étaient demandées, avait à peine eu le temps de se *faire la main* à ce travail qu'il était forcé de l'interrompre. De là des déceptions et des retards qui ont été surtout sensibles pour les canons de 95^{mm}, et qui ont empêché de livrer ces bouches à feu dans les délais primitivement convenus.

Ajustage des appareils de fermeture de culasse. — L'ajustage des appareils de fermeture de culasse a été, au Creusot, l'objet de soins tout particuliers. On s'était donné pour but de rendre les culasses interchangeables, c'est-à-dire de pouvoir adapter un appareil quelconque à tout canon d'un même calibre. Ce but a été pleinement atteint. Sous ce rapport, comme sous celui de la beauté du travail et du fini de l'exécution, les canons du Creusot ne le cèdent à aucune bouche à feu en acier d'autre provenance.

Épreuves de tir des canons de 78^{mm},6. — Les canons de 78^{mm},6 ont été terminés dans les premiers jours du mois d'octobre 1873. A la même époque arrivaient au Creusot les objets de matériel, affûts, poudres et projectiles, nécessaires à l'exécution des épreuves de tir, et le personnel appelé à y concourir.

Ce personnel comprenait deux officiers venus isolément, l'un des forges de l'Est, l'autre des forges du Centre, et un détachement du 4e régiment d'artillerie commandé par un capitaine et un lieutenant.

Composition de la Commission. — Une Commission a été immédiatement formée dans le but de suivre les épreuves de tir. Cette Commission se composait de :

MM. Bobillier, chef d'escadron, au dépôt central de l'artillerie ;
    Pernuchot, capitaine en 1er, sous-inspecteur adjoint des forges de l'Est ;
    Morio, capitaine en 1er au 4e régiment d'artillerie ;
    Mounier, capitaine en 2e, adjoint aux forges du Centre ;
    Florence, lieutenant au 4e régiment d'artillerie.

Le délai nécessairement très-court qui s'est écoulé entre la fin de ces expériences et le moment où ces officiers ont dû se séparer ne leur a pas laissé le temps d'établir entièrement le présent rapport, dont la partie concernant les épreuves de tir eût gagné à être discutée et signée par tous ceux qui y avaient assisté. La Commission a néanmoins rédigé, avant de quitter le Creusot, un rapport sommaire où se trouve exposée son opinion sur les points les plus saillants des essais, tels que la résistance du métal, l'influence du frettage, etc. Ce document a servi de canevas et de guide pour l'établissement du présent rapport.

On va maintenant entrer dans le détail des épreuves, longues, minutieuses, mais fécondes en résultats intéressants, que l'on a fait subir à l'acier. Ces épreuves sont de trois genres différents, et feront le sujet de trois chapitres sous les titres suivants :

1° *Essais à la traction;*

2° *Épreuves de tubes en acier ou en bronze;*

3° *Épreuves de tir des bouches à feu.*

———

CHAPITRE Ier.

ESSAIS A LA TRACTION.

Considérations générales sur les essais à la traction. — Avant de faire connaître les résultats des essais à la traction qui ont été faits sur les aciers à canons du Creusot, il est nécessaire de rappeler que ces essais ne peuvent avoir une signification absolue.

Les appareils dont on se sert pour mesurer la résistance des métaux varient, en effet, de forme et de principe, au point de donner des indications souvent très-différentes. Parfaitement comparables entre eux, les résultats obtenus dans les épreuves dont on va rendre compte ne sont pas susceptibles d'être rapprochés d'une manière absolue de ceux que l'on peut obtenir ailleurs avec d'autres appareils.

Lors même que l'on opère avec une seule machine, il est rare que deux barreaux d'acier, pris à côté l'un de l'autre dans le même lingot ou dans la même rondelle, donnent des résultats identiques. La limite d'élasticité, la résistance à la rupture et l'allongement du métal peuvent se trouver modifiés d'une manière *notable* par diverses causes, telles que la présence de soufflures dont aucun acier n'est absolument exempt, et le plus ou moins d'énergie de la trempe.

Il est donc bon d'opérer toujours sur plusieurs échantillons qui se servent de mutuel contrôle, et de prendre la moyenne de ces divers essais.

C'est ainsi que l'on a fait au Creusot. Les chiffres présentés dans le tableau ci-après n'ont donc qu'une signification moyenne et relative; ils donnent néanmoins des indications qui se sont toujours trouvées d'accord, soit avec les analyses chimiques de l'acier, soit avec les épreuves de tir des tubes et des trois canons de 78^{mm},6.

Appareils dont on se sert au Creusot pour faire les essais. — Les essais à la traction se font, au Creusot, à l'aide de deux machines semblables, produisant sensiblement les mêmes effets. Le barreau est vertical, et ses extrémités sont maintenues entre deux mâchoires dont la supérieure est fixe, tandis que l'autre est soumise à l'influence de poids successivement croissants qui agissent sur elle par l'intermédiaire d'un grand fléau formant levier et portant un plateau suspendu à son extrémité.

L'un des deux appareils, plus perfectionné que l'autre, est muni d'un cathétomètre permettant de reconnaître avec une exactitude minutieuse le moment où le métal atteint sa limite d'élasticité et de suivre les variations successives de longueur du barreau. On peut donc, à l'aide de cet instrument, déterminer le nombre de kilogrammes par millimètre carré qui détermine un allongement permanent, et c'est à ce nombre diminué d'une unité que l'on fait correspondre la limite d'élasticité. Cette manière d'opérer, qui paraît la plus rigoureuse, n'est pas la plus favorable au métal, car elle donne des chiffres beaucoup plus faibles que lorsqu'on se contente de noter les charges auxquelles correspondent des allongements facilement appréciables.

Conditions dans lesquelles ont eu lieu les essais. — A divers degrés d'avancement de la fabrication, l'acier des canons a été l'objet d'essais à la traction. Ces essais ont eu lieu :

1° Avec des barreaux provenant d'éprouvettes prises pendant la coulée ;

2° Avec des barreaux découpés dans des rondelles que l'on détache à la culasse du canon après le martelage et le recuit, et avant la trempe ;

3° Avec des barreaux obtenus de la même manière, mais après la trempe.

Ces trois épreuves ont entre elles une relation facile à saisir.

La résistance à la rupture et la limite d'élasticité vont en diminuant de la première à la dernière, de telle sorte que pour obtenir un canon possédant, lorsqu'il est terminé, une nuance de dureté déterminée, il faut nécessairement que la première des trois épreuves ci-dessus donne des résultats notablement plus élevés.

Première épreuve. — L'éprouvette prise au moment de la coulée est martelée sous un très-faible volume; l'acier ainsi corroyé se trouve dans les conditions de résistance les plus favorables. L'épreuve a lieu sur des barreaux trempés à l'huile et non trempés; elle ne donne pas la limite d'élasticité; c'est une simple indication d'après laquelle òn décide s'il y a lieu de commencer l'usinage et de maintenir au métal sa destination primitive.

Deuxième épreuve. — Lorsque le canon a été martelé et recuit, une rondelle est détachée du côté de la culasse. Dans cette rondelle, on découpe des barreaux auxquels on donne sur le tour des dimensions très-précises. Quelques-uns sont alors trempés à l'huile. Tous sont soumis aux épreuves de la façon la plus minutieuse, le cathétomètre indiquant le moment où la limite d'élasticité se trouve dépassée.

Les résultats de cette épreuve sont déjà sensiblement différents de ceux de la précédente, car l'effet du martelage est d'autant plus sensible que le volume du métal est moindre, et la culasse d'un canon est moins bien corroyée qu'un barreau forgé isolément.

Troisième épreuve. — Enfin, après la trempe de la bouche à feu, une nouvelle rondelle est détachée du côté de la culasse; on y découpe des barreaux que l'on tourne et que l'on éprouve avec le même soin que les précédents. On constate alors un nouvel abaissement de la limité d'élasticité et de la résistance à la rupture, abaissement qu'il était facile de prévoir. L'action de la trempe, comme celle du martelage, augmente, en effet, d'intensité à mesure que diminue le volume de l'acier, et le barreau trempé sous un faible diamètre acquiert une dureté plus uniforme qu'un canon dans lequel l'action du refroidissement est d'autant moins sensible que les couches métalliques sont plus éloignées des surfaces directement en contact avec le liquide.

Influence de la trempe. — D'un autre côté, la température plus ou moins élevée à laquelle l'acier est porté au moment de son immersion dans l'huile a une influence considérable sur les propriétés que la trempe lui communique. Plus le métal est doux, moins il y a de danger à le tremper fortement.

La plupart des canons fabriqués au Creusot *auraient pu être* chauffés davantage ; la limite d'élasticité et la résistance à la rupture du barreau, à cette troisième épreuve, eussent atteint par suite des chiffres plus élevés.

Trempe intérieure. — Quelques expériences sur un procédé de trempe particulier ayant pour but de durcir l'âme plus fortement que la surface extérieure, avaient paru assez concluantes pour que l'usine crût devoir l'appliquer aux canons de 75^{mm} et de 78^{mm},6. Avant d'être plongée dans la cuve à l'huile, la bouche à feu sortant du four était placée dans un manchon en forte tôle qui préservait sa surface extérieure d'un contact immédiat avec le liquide, tandis que le courant s'établissait à l'intérieur. L'effet de la trempe se faisant ainsi sentir du dedans au dehors, chaque couche métallique se refroidissait d'autant plus vite qu'elle était plus rapprochée de l'axe, et l'on espérait réaliser un serrage analogue à celui que le tube reçoit de la frette. On verra plus loin que les épreuves comparatives faites avec des tubes trempés par ce procédé ou à la manière ordinaire n'ont pas donné des résultats assez différents pour que l'on pût se croire autorisé à conclure en faveur de l'un d'eux.

En ce qui concerne les essais à la traction, l'effet de la

trempe intérieure ne peut se traduire que dans le sens d'une diminution de la résistance moyenne. En effet, si l'on arrive par ce procédé à tremper l'intérieur plus énergiquement que l'extérieur, ce qui paraît hors de doute, ce n'est pas par l'augmentation de l'effet produit au dedans, mais bien par la diminution de l'effet produit au dehors. En d'autres termes, les couches intérieures ne sont pas plus fortement trempées que par la méthode ordinaire, mais les couches extérieures le sont moins. Le barreau a, par suite, une résistance plus ou moins forte, suivant qu'il est pris près du centre de la rondelle ou près de la circonférence, et la moyenne des résultats se trouve abaissée.

Résultats des essais à la traction. — Le cadre nécessairement restreint de ce rapport ne permet pas d'entrer dans des détails circonstanciés sur les nombreux essais à la traction qui ont été faits au Creusot, avec des soins minutieux et dans les conditions les plus diverses. On trouvera dans le tableau ci-après les résultats moyens donnés, pour chaque canon, par les trois épreuves.

Les conditions imposées par l'artillerie anglaise pour la réception de ses aciers, conditions auxquelles M. Schneider devait primitivement se conformer, sont rapprochées des essais de la deuxième série auxquels elles étaient applicables.

Quelques morceaux d'acier provenant des rondelles qui accompagnaient les canons de 75^{mm} fournis en 1872-1873 par MM. Firth et Vavasseur, ayant été envoyés au Creusot par l'atelier de construction de Puteaux, une comparaison intéressante a pu être faite entre les résistances, après la trempe du canon, des aciers provenant du Creusot ou d'Angleterre.

Enfin, la fonderie de Bourges ayant envoyé au Creusot deux cylindres de bronze destinés à être soumis à des épreuves à la poudre comparativement avec des tubes d'acier, on a détaché aux deux extrémités de l'un d'eux des rondelles dans lesquelles on a découpé des barreaux que l'on a essayés à la traction.

Les résultats de ces essais sont consignés dans le tableau ci-après.

Essais à la traction.

BRONZE.

	BAS du cylindre. Moyenne de trois essais.	HAUT du cylindre. Moyenne de trois essais.
Limite d'élasticité	9	8
Résistance à la rupture	23	17
Allongement	25 %	13 %

ACIER.

Colonnes : CANONS DE 78mm,6 — Non frottés : Coulée 613, Coulée 608 ; Frotté : Coulée 612. — CANONS DE 75mm : Coulée 592, Coulée 596. (chaque coulée : Non trempé / Trempé)

	613 Non tr.	613 Tr.	608 Non tr.	608 Tr.	612 Non tr.	612 Tr.	592 Non tr.	592 Tr.	596 Non tr.	596 Tr.
Éprouvettes prises au moment de la coulée.										
Résistance à la rupture	38,1	45,7	47,8	54,3	43,4	50,6	48,9	60,7	52	67,3
Allongement	34 %	32 %	29,5 %	24 %	31 %	30 %	28 %	27 %	28 %	20 %
Barreaux pris dans des rondelles découpées à la culasse du canon martelé et recuit mais non trempé.										
Limite d'élasticité	15,5	25	14	24,6	14,5	23	19,5	31	17	34
Résistance à la rupture	31	42,5	38,5	48,6	31	43	42,5	53,5	44	57,5
Allongement	29 %	25 %	29,5 %	22 %	22 %	22 %	21 %	13 %	19,5 %	10 %
Barreaux pris dans des rondelles découpées à la culasse du canon trempé.										
Limite d'élasticité	20,6		23		22,5		26		26	
Résistance à la rupture	36,3		43		39		48		51	
Allongement	35,6 %		22,5 %		fort.		17 %		14 %	

Colonnes : CANONS DE 95mm : Coulée 816, Coulée 935 (Non trempé / Trempé). — CONDITIONS IMPOSÉES par l'Artillerie anglaise pour la réception des aciers à canon (Non trempé / Trempé). — ACIER FINI. Canons de 75mm, Barreaux pris dans des rondelles découpées à la culasse du canon trempé : 760, 767, 768, 771, 775.

	816 Non tr.	816 Tr.	935 Non tr.	935 Tr.	Cond. Non trempé	Cond. Trempé	760	767	768	771	775
Éprouvettes prises au moment de la coulée.											
Résistance à la rupture	49,9	65	52,7	75							
Allongement	28,5 %	20 %	24 %	15 %							
Barreaux pris dans des rondelles découpées à la culasse du canon martelé et recuit mais non trempé.											
Limite d'élasticité	21		19	36	de 18,1 à 22	de 45,6 à 53,5					
Résistance à la rupture	41	50	43,5	56	de 45,6 à 53,5	de 63 à 91,5					
Allongement	25 %	22 %	18,5 %	14 %	10 % à 30,4 %	2,5 % à 16,2 %					
Barreaux pris dans des rondelles découpées à la culasse du canon trempé.											
Limite d'élasticité	28		23				34	31,5	29	34,5	34
Résistance à la rupture	45,5		52				57,5	58,5	52,5	56	57
Allongement	24 %		9 %				13,5 %	10,5 %	17 %	4,5 %	13 %

Les chiffres de ce tableau indiquent : 1° Le nombre moins un de kilogrammes par millimètre carré ayant déterminé un allongement permanent du barreau; 2° Le nombre de kilogrammes par millimètre carré ayant déterminé la rupture; 3° L'allongement d'un barreau de 100 millimètres de longueur au moment de la rupture.

Conclusions à tirer des essais à la traction. — De l'examen attentif de ce tableau, on peut tirer les conclusions suivantes :

1° La résistance à la rupture d'un barreau de bronze dépend essentiellement de la hauteur à laquelle il a été pris dans le lingot ; en d'autres termes, la qualité du métal diminue rapidement à mesure que l'on s'éloigne du pied du lingot. Cette observation, sur laquelle était fondé le principe de la coulée des canons la culasse en bas, sera dans le chapitre suivant l'objet d'une discussion approfondie.

ROBILLARD. 2

2° La limite d'élasticité et la résistance à la rupture du bronze sont très-faibles si on les compare à celles de l'acier le plus doux trempé.

3° Les aciers des sept canons fabriqués au Creusot sont de nuances différentes ; rangés suivant leurs duretés relatives et en partant du plus doux, ils se présentent dans l'ordre suivant :

Coulée 618 : canon de 78^{mm},6, non fretté ;
Coulée 612 : canon de 78   ,6, fretté ;
Coulée 608 : canon de 78   ,6, non fretté ;
Coulée 816 : canon de 95   ;
Coulée 592 : canon de 75   ;
Coulée 596 : canon de 75   ;
Coulée 938 : canon de 95   ;

4° Tous ces aciers sont plus doux que ceux des canons de 75^{mm} de provenance anglaise. Aucun d'eux ne satisfait aux conditions de réception admises par l'artillerie anglaise pour la fabrication des canons en acier.

5° Celui qui se rapproche le plus de ces conditions est le canon de 95^{mm}, coulée 938. Mais ce canon a été trempé faiblement ; il a perdu, de la deuxième à la troisième épreuve, 13 kil. sur sa limite d'élasticité et 10 kil. sur la résistance à la rupture. On peut se rendre un compte exact de l'influence de la trempe en comparant ce résultat à celui que l'on a obtenu en trempant le second canon de 95^{mm} (coulée 816) à une température plus élevée. La limite d'élasticité et la résistance à la rupture n'ont baissé que de 2 kil., et de 3^{k},5 à la troisième épreuve.

6° Tous les chiffres du tableau ci-dessus ne sont que des moyennes, sur lesquelles influent tous les accidents, tels que rupture anticipée d'un barreau produite par un défaut de l'acier, inégalité de la trempe, etc., accidents qui modifient surtout l'allongement de la manière la plus sensible. Tantôt, en effet, il se produit à peine, parce qu'une soufflure fait rompre prématurément le barreau ; tantôt il se manifeste en dehors des repères ; tantôt, au contraire, il se trouve augmenté par une forte striction. Ce sont ces anomalies qui expliquent l'écart considérable que l'on remarque entre les limites extrêmes des tolérances anglaises pour l'allongement du barreau.

L'analyse chimique des aciers des sept canons a été faite au laboratoire du Creusot, Le tableau suivant présente les résultats obtenus :

Analyses chimiques des aciers.

SUBSTANCES.	CANONS DE 78^{mm},6.			CANONS DE 75^{mm}.		CANONS DE 95^{mm}.	
	Non frettés.		Fretté				
	Coulée 618.	Coulée 608.	Coulée 612.	Coulée 592.	Coulée 596.	Coulée 816.	Coulée 938.
Carbone combiné..	0,156	0,197	0,155	0,237	0,301	0,312 $^1/_2$	0,337 $^1/_2$
Silicium............	0,011	0,017	0,011	0,052	0,075	0,069	0,034
Manganèse........	0,117	0,126	0,108	0,225	0,288	0,108	0,089 $^1/_2$
Calcium...........	0,089	0,089	0,098	0,071	0,107	0,098 $^1/_2$	0,151
Magnésium........	0,049 $^1/_2$	0,021 $^1/_2$	0,038	0,049 $^1/_2$	0,044	0,046 $^1/_2$	0,022
Phosphore.........	0,020	0,027	0,020	0,041	0,034	0,037	0,030 $^1/_2$
Soufre	0,013 $^1/_2$	0,017	0,013	0,017	0,023	0,013	0,022 $^1/_2$
Cuivre	0,089	0,099	0,099	Traces.	Traces.	0,089	0,109
Arsenic	»	»	»	»	»	»	»
Antimoine.........	»	»	»	»	»	»	»
Matières étrangères, carbone déduit..	0,389	0,396 $^1/_2$	0,387	0,455 $^1/_2$	0,571	0,461	0,458 $^1/_2$
Total des matières étrangères.......	0,545	0,593 $^1/_2$	0,542	0,692 $^1/_2$	0,872	0,773 $^1/_2$	0,796
Fer (par différence).	99,455	99,406 $^1/_2$	99,458	99,307 $^1/_2$	99,128	99,226 $^1/_2$	99,204
Totaux.........	100,000	100,000	100,000	100,000	100,000	100,000	100,000

En classant les lingots d'après la quantité de carbone qu'ils contiennent, on a une nouvelle échelle de dureté qui ne diffère de la première que par des nuances dont on a facilement l'explication, si l'on tient compte des chances d'erreur auxquelles on est exposé, soit dans l'analyse chimique, soit dans les essais mécaniques de l'acier.

CHAPITRE II.

ÉPREUVES DES TUBES.

But que l'on se proposait en soumettant des tubes d'acier aux épreuves du tir. — On a dit plus haut quelles étaient les convictions de M. Schneider au moment où il aborda l'étude de la fabrication de l'acier à canons. Le métal devait être, selon lui, d'une grande douceur et d'une grande pureté, susceptible comme le bronze de trahir sa fatigue par des signes extérieurs irrécusables, mais ayant néanmoins une résistance au moins double de celle de ce dernier métal.

Il espérait trouver la justification de cette théorie dans les épreuves de tir que devaient subir, au Creusot même, deux canons de 78^{mm},6, non frettés ; ces bouches à feu pouvaient toutefois ne pas suffire pour faire apprécier complétement les propriétés de l'acier doux ; leur usinage était, d'ailleurs, une œuvre de longue durée, et les expériences que l'on avait tant d'intérêt à hâter pouvaient se trouver retardées par un accident de fabrication.

M. Schneider, pour gagner du temps, eut alors l'idée de soumettre à l'action du tir des tubes en acier fermés aux deux bouts. On lui indiqua les dispositions qu'emploie dans le même but M. Whitworth, dispositions si bien décrites dans le rapport que M. le commandant Cary a rédigé à son retour d'Angleterre, en 1872.

Six tubes à très-peu près semblables à ceux qu'emploie le célèbre constructeur anglais furent immédiatement mis en fabrication au Creusot. Deux d'entre eux étaient pris dans le lingot 608, les quatre autres provenaient du lingot 618.

Les expériences offrirent assez d'intérêt pour que l'on crût devoir les poursuivre en ne les bornant plus uniquement à des tubes d'acier, mais en les étendant à des cylindres de bronze de même forme. La comparaison des propriétés des deux métaux pouvait ainsi se faire d'une manière simple, rapide et relativement peu coûteuse. On exécuta donc une seconde série d'essais à laquelle concoururent deux tubes de bronze venus de la fonderie de Bourges et trois tubes d'acier provenant de la coulée 612. L'un de ces tubes était fretté.

Plus tard encore, le désir de soumettre aux épreuves de tir des aciers moins doux que ceux dont on avait jusqu'alors fait l'essai, fit entreprendre la fabrication de trois nouveaux tubes, et le métal dont on fit choix pour cette dernière série d'expériences fut pris dans le lingot 938, coulé en vue de la fabrication d'un canon de 95^{mm}, le plus dur de tous ceux qui ont été fondus au Creusot.

En résumé, trois séries d'expériences successives ont eu lieu. Elles vont être séparément décrites.

PREMIÈRE SÉRIE D'EXPÉRIENCES.

Six tubes, dont 4 de la coulée 618, numérotés de 1 à 4, et 2 de la coulée 608, numérotés de 1 à 2.

Description des tubes. — Le tube a 600^{mm} de longueur totale ; ses diamètres extérieur et intérieur sont ceux du canon de 80^{mm}. La chambre à poudre a une longueur de 226^{mm}, calculée pour recevoir facilement une charge de 1 100 grammes de poudre ordinaire, qui peut, par le tassement et la suppression de l'enveloppe, être portée à

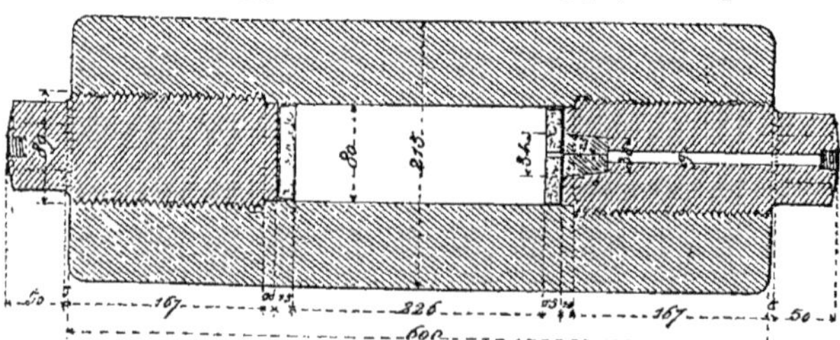

1 200 grammes. Deux vis-tampons ferment les deux bouts : l'une est percée suivant son axe d'un canal de 9^{mm} de diamètre ; elle présente à son extrémité interne un vide tronconique dans lequel on loge un grain de lumière en

acier, facile à remplacer, et dont le canal a seulement $2^{mm},5$ de diamètre.

Au bout de chaque vis-tampon est fixé un godet obturateur en cuivre, rempli d'un mélange de suif et de cire. Après avoir vérifié le tube à l'étoile mobile, s'être assuré du bon ajustage des vis-tampons et des obturateurs, on introduit la gargousse ; le tube est alors fermé et placé dans un cylindre en bronze, garni à l'intérieur de douves en chêne. Par surcroît de précautions, ce cylindre se trouve lui-même au fond d'un abri blindé de deux mètres de longueur. Le feu est mis au moyen d'une mèche à étoupilles qui traverse la vis-lumière, le grain et le godet.

Programme des essais. — On s'était proposé de soumettre aux mêmes épreuves les tubes 1, 2 et 3 de la coulée 618, et le tube n° 1 de la coulée 608. Partant de la charge de 300 grammes, on devait les pousser jusqu'à éclatement ou déformation, en augmentant la charge de 100 grammes à chaque coup. Afin d'étudier l'influence qu'exerce la trempe sur la résistance de l'acier, le tube 618 n° 1 n'avait pas été trempé ; le tube 618 n° 2 avait été trempé dans l'huile à la manière ordinaire, mais à une température basse (rouge sombre).

Les tubes 618 n° 3 et 608 n° 1 avaient été trempés dans l'huile au rouge cerise, suivant le procédé de trempe intérieure qui a été décrit précédemment. Ces deux tubes ne différaient entre eux que par la nuance de douceur de l'acier.

Quant aux tubes 618 n° 4 et 608 n° 2, qui se trouvaient dans les mêmes conditions de trempe que les précédents, on devait les tirer à une charge correspondant aussi exactement que possible à la limite d'élasticité, et continuer à la même charge pour reconnaître si la répétition d'un effort, insuffisant à lui seul pour déterminer une déformation du métal, produirait à la longue le même effet que des charges plus fortes. Cette partie des essais n'a pas donné les résultats qu'on en attendait. Les deux tubes avaient été mal alésés, et l'étoile mobile ne donnait, par suite, que des indications irrégulières; l'expérience a été reprise avec succès dans la seconde série d'essais, après un nouvel alésage du tube 618 n° 4.

Exécution des expériences. — Après chaque coup, les parois de l'âme sont couvertes d'un enduit peu épais, mais très-tenace, que l'eau chaude parvient seule à dissoudre; une matière noirâtre, à cassure rouge vif et d'une odeur désagréable, résultant de l'effet des gaz sur la cire grasse des obturateurs, se trouve chaque fois dans l'âme; le canal du grain de lumière qui a servi de passage aux gaz enflammés, présente un accroissement de diamètre proportionnel au poids de la charge.

L'obturation est satisfaisante tant que le tube n'est pas déformé ou que la déformation est peu importante ; mais lorsque l'accroissement du diamètre intérieur est devenu sensible, on éprouve des difficultés à modeler l'obturateur sur cette forme nouvelle ; les gaz pénètrent alors entre les filets de la vis et de son écrou, y laissent des dépôts de crasses qui rendent le dévissage difficile et nécessitent le renvoi du tube à l'atelier. Fortement gonflé, il présente souvent à l'extérieur des marbrures dont les arêtes se font sentir au toucher. La déformation s'étend jusque sur les extrémités du cylindre et surtout du côté de la vis-lumière. Il faut alors ajuster et élargir les obturateurs, tarauder à nouveau les écrous dans lesquels les vis, gonflées elles-mêmes, ne pénètrent plus qu'à grand'peine.

C'est à cause de ces difficultés que l'on a renoncé à pousser plus loin les épreuves de la première série. Quoique n'ayant pas résolu complétement toutes les questions que l'on s'était posées, elles ont mis hors de doute la résistance à l'éclatement des aciers essayés.

Résultats obtenus. — Les tubes ont victorieusement supporté des efforts considérables. Leur déformation tardive et les signes de fatigue qu'ils présentent d'une manière si

évidente, pouvaient faire espérer que le but poursuivi par
M. Schneider était atteint.

Les épreuves donnaient, en outre, la confirmation des
idées généralement admises sur la trempe dont le degré
d'énergie augmente, dans une large mesure, la résistance
de l'acier doux, sans le rendre cassant, comme cela arri-
verait pour un acier plus dur.

Le métal doux (coulée 608) semble préférable à l'extra-
doux (coulée 618); même résistance à la rupture avec
moins de déformation. Ce résultat des premiers essais,
que les expériences postérieures devaient confirmer, était
considéré comme un pas important fait dans la détermi-
nation du métal qui convient le mieux à la fabrication des
bouches à feu. Il ne suffit pas, en effet, de trouver dans
l'emploi de l'acier doux une garantie contre le danger des
éclatements brusques, il faut encore être sûr que le métal
ne sera pas susceptible de se mater et de se déformer,
comme le bronze, sous l'action d'un tir à fortes charges.

Questions restant à résoudre. — C'était là un des points
que cette première série d'essais ne pouvait mettre en
lumière. On ignore, en effet, la relation qui existe entre
les efforts auxquels sont soumis, sous l'action d'une même
charge de poudre, un tube fermé à ses deux extrémités et
une bouche à feu du même calibre. D'après M. Whitworth,
l'un serait le sextuple de l'autre; mais, quel que soit le
degré de confiance que mérite l'opinion de cet habile
ingénieur, on ne peut admettre que sous toute réserve une
estimation dont on ne connaît pas les bases. En voyant des
tubes bien trempés ne donner des traces de gonflement
que sous des charges de 700 à 800 grammes de poudre
ordinaire, on se croyait autorisé à supposer que des canons
de même épaisseur et de même diamètre, fabriqués avec
le même métal, ne se déformeraient pas à la charge de
1 200 grammes.

Une autre question restait à résoudre. Tout en ne se
déformant pas sous un effort déterminé, l'acier peut-il

supporter longtemps sans danger la répétition de cet effort? C'est ce que le tir des deux canons de $78^{mm},6$ ne devait pas tarder à apprendre. Mais en attendant ces expériences, que retardait encore la lenteur de la fabrication de ces bouches à feu, il semblait intéressant de chercher par des moyens plus rapides la solution de certaines questions que les épreuves de la première série n'avaient pu mettre en lumière.

Comparaison du bronze et de l'acier. — Telle était en premier lieu la comparaison directe du bronze et de l'acier doux, comparaison facile à faire, en soumettant aux mêmes épreuves des tubes en bronze et en acier, et de laquelle on espérait tirer des indications précieuses sur la nuance de dureté qu'il convient de choisir pour ce dernier métal en vue de la fabrication des bouches à feu.

Deux cylindres de bronze de 600^{mm} de longueur furent, dans ce but, mis en commande à la fonderie de Bourges, tandis que l'on préparait au Creusot trois nouveaux tubes d'acier.

Éclatement du tube 608 n° 1, lumière fermée. — Mais, avant de clore la première série d'expériences, on voulut avoir raison de la résistance du métal. La charge ne pouvant plus être augmentée, on chercha à emprisonner les gaz dans la chambre, par la fermeture absolue du canal de lumière. Le grain en acier fut, à cet effet, modifié de la manière suivante: le diamètre du canal fut porté à 4^{mm}; une fraisure conique le terminait à la face interne. Dans ce canal s'engageait une tige plate, à côté de laquelle pouvait passer la mèche à étoupilles. Cette tige se terminait par un bouchon conique à tête plate que l'action des gaz devait pousser dans l'évidement correspondant du grain. Toute issue se trouvait ainsi fermée par les gaz eux-mêmes. L'autre bout de la tige se vissait dans une rondelle qui fermait le canal cylindrique de la vis-lumière.

Le tube 608 n° 1, dont on a fait choix pour cette expérience, est placé dans l'abri voûté après avoir reçu une charge de 1 200 grammes de poudre ordinaire; le feu est mis à la mèche. La détonation est très-violente; en pénétrant dans l'abri, on constate d'assez graves avaries, malgré ses fortes proportions; la terre passe à travers les lambourdes disjointes auxquelles le feu s'est communiqué. Le tube, cassé en trois morceaux, est sorti du cylindre de bronze, dont les douves de bois sont arrachées et brisées.

Le cylindre d'acier s'est ouvert longitudinalement suivant deux génératrices opposées. L'une de ces lignes de rupture se bifurque vers le milieu de sa longueur, et donne naissance à un troisième éclat de forme triangulaire. L'autre passe par une petite fente attribuée à une soufflure, visible dès la charge de 1 kil. et qui, s'agrandissant peu à peu aux charges suivantes, avait, au moment de la rupture, 15^{mm} de longueur sur 4 à 5^{mm} de profondeur.

Les cassures, noircies par la poudre, ne permettaient pas de voir le grain, mais les nombreux arrachements, qui se faisaient remarquer sur la plus grande partie de la surface, témoignaient de la résistance que le métal avait opposée à l'énorme effort auquel il avait été soumis.

DEUXIÈME SÉRIE D'EXPÉRIENCES.

Cinq tubes dont 2 en bronze,
2 non frettés. }
1 fretté...... } *en acier de la coulée 612.*

Les deux tubes de bronze coulés à la fonderie de Bourges ont été usinés au Creusot et éprouvés comparativement aux tubes en acier doux de la première série, et à trois tubes nouveaux, fabriqués dans les conditions suivantes :

Pris dans le même lingot et dans le voisinage l'un de l'autre, les deux premiers étaient trempés dans l'huile à la même température, l'un par la méthode ordinaire, l'autre suivant le procédé de trempe intérieure décrit plus haut. Le troisième tube était fretté.

La seconde série d'expériences devait donc permettre d'étudier :

1º Les résistances comparées du bronze et de l'acier doux;

2º L'effet de la trempe ordinaire comparée à la trempe intérieure;

3º L'influence du frettage sur la résistance et la déformation de l'acier.

Description des tubes. — Sans changer le diamètre extérieur, non plus que les dimensions de la chambre des nouveaux tubes, on diminua leur longueur. Les vis-tampons reçurent une forme légèrement conique dans le but de simplifier leur manœuvre et d'éviter les difficultés qui avaient souvent entravé l'exécution du tir à fortes charges dans la première série d'essais. La longueur totale du cylindre se trouvait réduite à 480^{mm}.

Dans la crainte que cette modification n'exerçât sur la résistance des tubes une influence difficile à mesurer, et pour pouvoir comparer le bronze à l'acier dans des conditions absolument identiques, on donna à l'un des cylindres de bronze la longueur des tubes de la première série, c'est-à-dire 600^{mm}, l'autre fut réduit aux dimensions adoptées pour les nouveaux cylindres d'acier, 480^{mm}.

On allait donc comparer les deux métaux :

1º Dans les conditions initiales, c'est-à-dire soumettre un cylindre de bronze A, de 600^{mm} de longueur, aux épreuves décrites plus haut et reprendre, pour les pousser à outrance, les 4 tubes restant de la première série, dont on avait interrompu les épreuves par suite de la difficulté de manœuvre des vis-tampons. Ces tubes portaient les marques suivantes :

Coulée 618, *n*ᵒˢ 1, 2, 4. (Le nᵒ 3 avait été envoyé à Paris.)

Coulée 608, *n*º 2. (Le nᵒ 1 avait éclaté à 1 200 grammes, lumière fermée.)

Ces quatre tubes avaient été ajustés à nouveau, et le jeu des tampons facilité par une légère conicité. En augmentant de quelques millimètres le diamètre intérieur des tubes 618 n° 4 et 608 n° 2, on fit disparaître les traces d'un alésage défectueux, qui, pendant les premiers essais, avait rendu incertaines les indications de l'étoile mobile.

2° D'autre part, les mêmes essais allaient se poursuivre sur quatre tubes de 480^{mm} de longueur portant les numéros 1 à 4.

N° 1. Acier doux. Coulée 612. Trempe ordinaire.
N° 2.   Id.   Id.   Trempe intérieure.
N° 3.   Id.   Id.   Fretté.
N° 4 B. En bronze.

Renseignements sur le métal et sur les circonstances qui ont accompagné sa production. — *Tubes en bronze.* — Les cylindres ont été coulés isolément à la fonderie de Bourges dans les moules de canons de montagne, la volée servant de masselotte. Envoyés au Creusot à l'état de cylindres creux de 600^{mm} de longueur, ils y ont été usinés. On a cru, pendant le tournage et le filetage, remarquer une différence assez sensible entre les qualités des deux tubes, dont l'un a paru plus homogène et plus sain que l'autre ; cette observation s'est trouvée confirmée par les épreuves.

Tubes en acier. — Les trois tubes proviennent d'un même lingot, coulé sous le n° 612. Pesant 3 000 kil., ce lingot avait été martelé et amené aux dimensions convenables pour fournir les canons de 80^{mm} primitivement mis en commande au Creusot. Après avoir détaché la partie inférieure, on avait pris deux canons l'un au bout de l'autre. La partie supérieure fut ensuite coupée de manière à fournir les tubes n°s 1 et 2, choix malheureux qui fut plus tard accusé des déceptions qui suivirent les épreuves de ces deux cylindres.

Lorsque le type des canons de 78^{mm},6 fut, pour les épreuves de tir à faire au Creusot, substitué à celui de 80^{mm} et que M. Schneider eut obtenu l'autorisation de fabriquer un canon fretté du même calibre pour être soumis aux mêmes essais, un des deux canons de la coulée

612 fut étiré de manière à fournir à la fois le corps du canon fretté n° 3 et le corps du tube fretté n° 3.

Ces trois tubes provenaient donc d'un même lingot, ainsi que le canon fretté n° 3. Mais il y avait entre eux cette différence que le corps du canon et celui du tube fretté ont été pris dans la partie centrale, c'est-à-dire la plus saine, tandis que les tubes n°s 1 et 2, pris dans la partie supérieure, étaient dans de moins bonnes conditions.

Exécution des expériences. — Les dispositions prises pour l'exécution des épreuves étaient les mêmes que précédemment, à cette différence près que le feu était communiqué à la charge au moyen d'étoupilles fulminantes et non plus avec la mèche, dont l'usage était lent et souvent incertain.

Le cylindre en bronze A, de 600^{mm} de longueur, a été traité identiquement comme les tubes de la première série auxquels on voulait le comparer, c'est-à-dire soumis à l'explosion de charges croissant successivement de 100 grammes à partir de 300 grammes.

Les tubes d'acier 612 — 1, 2 et 3, ainsi que le tube de bronze n° 4, ont été soumis à des épreuves analogues; on crut devoir commencer le tir à la charge de 200 grammes, en raison de la réduction de longueur des cylindres.

Les tubes 618 n°s 1 et 2 et 608 n° 2, dont les épreuves avaient été interrompues après la charge de 1 kil. en raison des difficultés que présentait la manœuvre des vis-tampons, ont été repris à la charge de 1 100 grammes.

Enfin, le tube 618 n° 4, qui n'avait été tiré qu'à la charge de 600 grammes plusieurs fois répétée, a été alésé à 83^{mm} afin de faire disparaître les traces d'un premier alésage défectueux. En le soumettant ensuite à des épreuves analogues à celles qu'il avait déjà subies, on a cherché à déterminer la charge qui correspond à la limite d'élasticité du métal.

Résultats des expériences. — *Tubes en bronze.* — La différence de qualité que le tourneur avait cru remarquer entre les deux cylindres de bronze s'est affirmée pendant les épreuves. En dépit de sa longueur qui semblait devoir augmenter sa résistance, le tube A s'est montré inférieur à l'autre. A cette différence près, tous deux ont présenté les signes caractéristiques précurseurs de la rupture : fissures intérieures nombreuses, à peine sensibles d'abord, et augmentant rapidement de dimensions et de gravité; déformations considérables à l'intérieur et à l'extérieur. Le tube A s'est éventré à 800 grammes, tandis que le second, grâce aux avaries qui rendaient l'obturation presque illusoire, a résisté à cette charge.

Tubes en acier de la première série. — Les tubes d'acier de la première série, 618 n°s 1 et 2, ont éclaté, le premier à la charge de 1 200 grammes, le second à celle de 1 100 grammes. L'éclatement a eu lieu de la même manière, les deux extrémités restant à peu près intactes, et la partie centrale se partageant en un assez grand nombre de morceaux irréguliers. La déformation avant la rupture était très-sensible, surtout pour le n° 1 (non trempé) dont le diamètre intérieur présentait au centre de la chambre une augmentation de près de 11^{mm}.

Le tube 608 n° 2 a supporté les charges de 1 100 et de 1 200 grammes sans se rompre et sans que son diamètre intérieur s'augmentât au centre de plus de 7^{mm},5. L'acier de ce lingot a déjà, pendant la première série des essais, fait preuve d'une remarquable résistance.

Quant au tube 618 n° 4, que l'on avait destiné à la recherche de la charge correspondant à la limite d'élasticité, on verra plus loin les intéressantes expériences auxquelles on l'a fait concourir.

Tubes en acier de la deuxième série. — *Tubes non frettés.* — Sur les trois tubes de la coulée 612, les deux premiers se sont comportés d'une manière à peu près identique, de telle sorte qu'il ne paraît pas possible d'assigner à l'un des procédés de trempe que l'on cherchait à comparer, une

supériorité quelconque. Tous deux ont donné des signes
de déformation à 700 grammes, et ont éclaté à la charge
de 1 kil., se partageant suivant leur longueur en un même
nombre de morceaux. Les fissures observées dans la
chambre dès la charge de 800 grammes, faisaient prévoir
que les deux cylindres ne résisteraient pas aussi longtemps
que les tubes de la première série. Peut-être la position
occupée par les cylindres à la partie supérieure, toujours
la moins saine du lingot, n'a-t-elle pas été sans influence
sur leur éclatement prématuré, mais en rapprochant ces
épreuves de celles qu'a subies le canon fretté n° 3, il est
permis de croire que le lingot tout entier était inférieur
aux autres en qualité.

Tube fretté. — Après l'éclatement de ces deux tubes,
tout l'intérêt se concentra sur le n° 3, provenant de la
même coulée, mais formé, sous une épaisseur égale, d'un
cylindre garni de 3 frettes. On verra plus loin les curieux

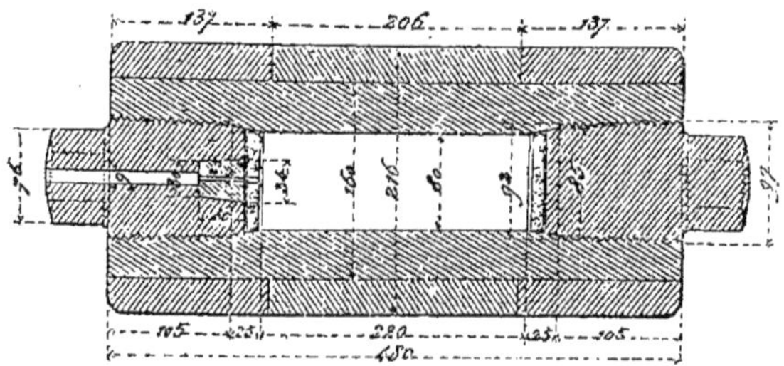

résultats des épreuves subies par ce tube, qui a résisté à
la charge de 1 200 grammes sans déformation sensible au
centre, grâce à la frette centrale qui le soutenait, mais
dont l'allongement longitudinal a été de 11^{mm}.

L'écartement des frettes était, après le tir, de 4 à 5^{mm}
et constituait des points faibles pour la partie correspondante du tube, mais, avec une disposition susceptible de
prévenir cet écartement, le cylindre aurait pu supporter,
sans doute, plusieurs fois cette charge de 1 200 grammes

à laquelle les tubes non frettés sont loin d'avoir tous résisté.

Il est bon de remarquer que la diminution de la longueur du cylindre, dans la limite admise pour l'établissement des tubes de la deuxième série, a été sans influence sur la résistance. Dans les tubes de bronze d'une part, dans ceux d'acier de l'autre, les effets produits par les charges étaient sensiblement les mêmes, quelles que fussent les dimensions et la forme des tampons.

Lorsqu'il s'agira de rapprocher les résultats obtenus dans ces épreuves et d'en tirer les conclusions relativement à la comparaison des métaux ou aux avantages que présente tel ou tel mode de fabrication, on pourra donc ne tenir compte ni de la différence de longueur des cylindres, ni du procédé de trempe auquel l'acier a été soumis.

Pour être complète, cette discussion ne doit venir que lorsqu'on aura rendu compte des épreuves des tubes de la troisième série. Mais on croit devoir, dès à présent, aborder un sujet qui intéresse au plus haut degré la bonne fabrication des bouches à feu en bronze.

Résistance comparée des tranches successives d'un cylindre en bronze. — On a fait remarquer, en rendant compte des essais à la traction, l'écart que présentent les résistances de deux barreaux de bronze provenant, l'un de la partie inférieure, l'autre de la partie supérieure du lingot. Les épreuves à la poudre ont confirmé ces résultats de la manière la plus formelle.

Dans tous les cylindres en acier non frettés sans exception, on a remarqué que la déformation du tube est beaucoup plus sensible du côté de la lumière que du côté de la culasse, de telle sorte que le vide intérieur présente la forme d'un ellipsoïde dont les deux bouts ont été inégalement coupés par des plans perpendiculaires au grand axe, et dont le petit axe se trouve entre le centre de la chambre et son extrémité antérieure. La déformation extérieure suit la même loi, et les marbrures que l'on remar-

que sur les cylindres d'acier qui ont résisté aux grandes
charges, se prolongent beaucoup plus du côté par où s'é-
chappent les gaz que de l'autre.

La déformation s'est produite en sens inverse dans les
deux tubes en bronze. Cette anomalie apparente est uniquement due à la différence de résistance des couches
métalliques perpendiculaires à l'axe, dont la ténacité diminue à mesure qu'elles sont plus éloignées du pied du
lingot. La précaution, prise à l'avance, de marquer sur
chaque cylindre les extrémités inférieure et supérieure
donne à cet égard une certitude absolue.

A la charge de 700 grammes, les déformations intérieures des deux tubes étaient les suivantes :

	CÔTÉ de la culasse. (Haut du lingot.)	DÉFORMATIOS MAXIMUM plus rapprochée de la culasse que de la lumière.	CÔTÉ de la lumière. (Bas du cylindre.)
Cylindre A	$7^{mm},10$	$9^{mm},35$	$2^{mm},85$
Cylindre B	$5^{mm},00$	$9^{mm},20$	$3^{mm},20$

En s'ouvrant à la charge de 800 grammes, le cylindre
A a cédé très-sensiblement plus du côté de la culasse
(haut du lingot), et le tube B, lorsqu'on a dû renoncer à
le rompre par suite des dégradations qui rendaient l'obturation impossible, avait du même côté des augmentations
de diamètre de $8^{mm},85$, tandis que, du côté de la lumière,
ces augmentations étaient seulement de 6^{mm}.

**Le procédé de coulage la culasse en haut doit être abandonné
pour les canons en bronze.** — Il résulte de cet ensemble d'observations toutes pratiques que la partie inférieure d'un
lingot de bronze de 600^{mm} de hauteur est douée d'une
résistance beaucoup plus grande que la partie supérieure.
Cette différence doit être bien autrement sensible dans
des canons de 2 mètres de longueur, et l'on peut affirmer
qu'en abandonnant, pour des raisons que l'on n'a pas à
examiner ici, le procédé de coulage des bouches à feu la

culasse en bas, dont les anciens fondeurs n'auraient jamais cru la discussion possible, on donne à la partie de la pièce qui en a le moins besoin une supériorité de résistance qui serait bien mieux à sa place du côté où le métal est sans cesse exposé aux plus grands efforts.

Si tant est que le bronze reste le métal à canons, il faut chercher à l'employer dans les conditions les meilleures, et ne pas diminuer, par un procédé vicieux de fabrication, sa limite d'élasticité et sa résistance précisément aux points où elles sont le plus nécessaires.

Si cependant les essais à la traction et les épreuves des tubes dont on vient de rendre compte ne paraissent pas assez concluants, on peut, sans difficulté, en chercher la confirmation dans de nouvelles expériences, soit en prenant simplement, aux deux extrémités d'un canon, des rondelles qui serviraient à des essais comparatifs à la traction, soit (ce qui serait certainement préférable) en sacrifiant une bouche à feu, à chaque extrémité de laquelle on détacherait un tube de 600^{mm} de longueur. Après avoir reçu des formes analogues à celles qui ont été adoptées pour les essais du Creusot, ces deux tubes seraient soumis comparativement à des épreuves à la poudre. Les résultats que l'on obtiendra ne devront laisser aucun doute sur la nécessité de revenir aux anciennes traditions et de chercher, soit dans la forme à donner au canon, soit dans le travail ultérieur du bronze, les moyens d'obvier aux inconvénients que l'on a voulu éviter en coulant la culasse en haut.

Influence du frettage. — La manière dont le tube fretté s'est comporté pendant les épreuves ne donne pas lieu à des observations moins intéressantes. Au lieu de prendre la forme ovoïde, la chambre s'est agrandie diamétralement aux deux extrémités beaucoup plus qu'au centre, le maximum de déformation correspondant aux joints des frettes qui se sont séparées de 4 à 3^{mm}. Après la charge de 1 200 grammes, l'allongement longitudinal du tube a atteint 11^{mm}, tandis que le diamètre, au milieu de la chambre, énergiquement maintenu par la frette centrale, s'est à peine agrandi de $2^{mm},5$.

Les deux cylindres de la même coulée (n°s 1 et 2) ayant éclaté à la charge de 1000 grammes, et le tube fretté ayant résisté à celle de 1200 grammes, on est en droit de conclure que le frettage a pour effet : 1° d'augmenter dans une proportion considérable la résistance à l'éclatement ; 2° de diminuer dans une mesure sensible les déformations diamétrales.

TROISIÈME SÉRIE D'EXPÉRIENCES.

Trois tubes de la coulée 938, dont 2 non frettés et 1 fretté.

Nécessité de compléter les expériences en les étendant à des aciers moins doux. — Les conclusions que l'on peut tirer des expériences précédentes aux divers points de vue de la comparaison du bronze et de l'acier doux, de l'influence du frettage et de la préférence à donner, pour la fabrication des canons en bronze, à l'ancien mode de coulage, sont assurément intéressantes, mais il eût été regrettable de voir limiter les essais à des aciers très-doux, de nuances peu différentes.

Quelque faible, en effet, qu'ait été l'écart entre les duretés des lingots 608, 612 et 618, le métal le moins doux s'est montré, dans les épreuves à la poudre, supérieur aux autres. Poursuivre les essais avec des aciers d'un degré de dureté plus grand encore semblait donc un corollaire obligé des premières expériences.

Choix de l'acier. — Trois nouveaux tubes furent usinés à cet effet. Le métal provenait du lingot n° 938, coulé en vue de la fabrication d'un canon de 95^{mm} et dont la dureté se rapprochait des conditions indiquées à M. Schneider au début de la fabrication.

Description des tubes. — Les trois tubes nouveaux ont 480^{mm} de longueur ; les deux premiers sont exactement semblables aux n°s 1 et 2 de la coulée 612. Le troisième est fretté; mais, pour réaliser un serrage longitudinal en même temps que le serrage diamétral, la frette

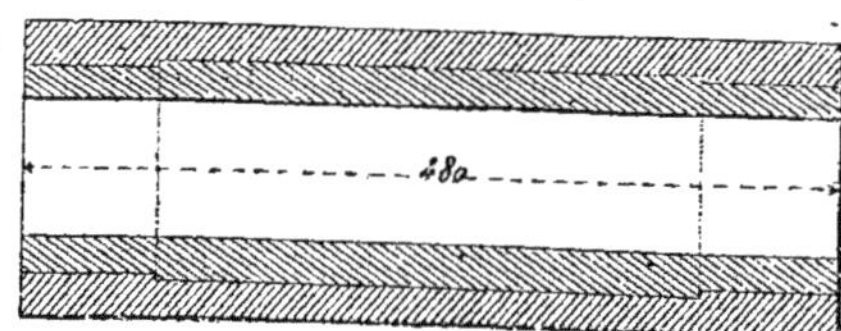

est d'un seul morceau. Le croquis ci-dessus représente la disposition adoptée pour emprisonner le tube dans la frette et empêcher l'allongement dans les deux sens.

Malheureusement l'outillage, créé pour une fabrication d'essai, était (ainsi qu'on l'a déjà dit plus haut) imparfait, et la fabrication d'une frette formée de barres de fer puddlé enroulées en spirales et soudées sous le pilon augmente de difficultés avec la longueur à lui donner. Au lieu d'une seule frette ayant les dimensions voulues, on dut en faire deux, de longueurs inégales, que l'on chercha à souder sous le pilon. L'opération parut d'abord avoir réussi, mais lorsque, dans le cylindre ainsi formé, alésé et préalablement dilaté par la chaleur, on eut introduit le tube, les deux frettes, mal soudées, se séparèrent en se refroidissant, et l'expérience perdit tout son intérêt.

Comparaison d'un acier relativement dur avec les nuances précédemment éprouvées. — Les expériences précédentes avaient suffisamment démontré que la longueur du tube et le procédé de trempe n'exercent pas d'influence sensible sur la résistance, et la comparaison d'un acier relativement dur avec les métaux précédemment éprouvés faisait l'unique objet de cette dernière série d'essais.

Questions accessoires dont on se propose de chercher la solution. — *Comparaison de la poudre A_1 avec la poudre ordinaire.* — Accessoirement, on chercha à étudier quelques questions soulevées par les épreuves de tir des canons de 78^{mm},6, épreuves qui se poursuivaient avec deux espèces de poudre produisant des effets très-différents. En effet, tandis que la poudre A_1, aux charges de 1200, 1300 et même de 1350 grammes (chambre pleine), semblait à peine fatiguer la bouche à feu, la poudre ordinaire, tirée à la charge de 1100 grammes, produisait sur tous les organes de la fermeture de culasse les effets les plus désastreux [1].

Cette différence d'action s'exercerait-elle au même degré et dans le même sens dans un espace clos? C'est ce qu'il parut intéressant de reconnaître.

On résolut, en conséquence, d'éprouver le tube n° 2 avec la poudre A_1, tandis que le n° 1 serait constamment tiré avec la poudre ordinaire.

Comparaison du cuivre et de l'acier au point de vue de la confection des grains de lumière. — D'un autre côté, les épreuves de tir des canons de $78^{mm},6$ avaient mis en évidence l'affaiblissement qui résulte pour une bouche à feu en acier de la présence d'un grain de lumière en cuivre. Ce n'est pas ici le lieu d'entamer une discussion qui trouvera naturellement sa place dans une autre partie du rapport. Il suffit de dire que la supériorité du cuivre sur l'acier était loin d'être admise sans contestation. On crut donc devoir observer comparativement la manière dont chacun des deux métaux se comporte sous l'action d'un courant gazeux passant à travers un faible orifice, avec une forte pression et une température très-élevée. Le tir des tubes se prêtait d'autant mieux à une étude de ce genre que l'on était sûr d'arriver rapidement au but, un seul coup suffisant pour déformer complétement le grain de lumière.

Il fut, en conséquence, décidé que les tubes n°s 1 et 3 recevraient, aux charges de 700, 800 ....., 1200 grammes, l'un des grains en acier, l'autre des grains en cuivre. Tous

---

[1] Les deux barils expédiés par la Direction d'artillerie de Besançon pour les épreuves des tubes portaient, l'un l'étiquette: « Poudre à canon neuve », sans désignation d'origine; l'autre provenait de Vonges-1865. Ces deux poudres semblaient avoir sensiblement les mêmes propriétés. Mais la poudre envoyée pour les épreuves de tir des canons de $78^{mm},6$ portait la marque « Ripault-1870 ». Cette poudre, qui doit être plus brisante que les deux échantillons ci-dessus, n'a pas été employée pour les épreuves des tubes.

deux tirant avec la même espèce de poudre, les conditions étaient identiques, et l'examen des grains, après.le tir, devait indiquer auquel des deux métaux il convient de donner la préférence.

Exécution des expériences. — Comme dans les expériences précédentes, les trois tubes ont été tirés successivement aux charges de 300, 400....., 1 200 grammes de poudre. Le feu était mis avec une étoupille et la conicité des vistampons rendait la manœuvre facile.

Résultats obtenus. — *Résistance du métal.* — Perdant sa limite d'élasticité à la charge de 600 grammes, le tube n° 2 (poudre A_4) a continué à se déformer lentement, mais régulièrement, aux charges suivantes, sans faiblir davantage du côté de la lumière que du côté opposé ; après 1 200 grammes, l'agrandissement maximum du diamètre de la chambre était de près de 8^{mm}, c'est-à-dire sensiblement le même que dans les deux tubes de la coulée 608.

Le n° 1 (poudre ordinaire) ne commence à se déformer qu'à la charge de 800 grammes, et chacun des coups suivants n'a qu'une action très-faible sur l'augmentation des diamètres de la chambre. Après la charge de 1 200 grammes, cette augmentation est au maximum de $1^{mm},15$; le poli de la surface intérieure est à peine altéré.

En rapprochant ces résultats, on est frappé de l'écart qu'ils présentent. Cet écart, qu'il convient, ainsi qu'on le verra plus bas, d'attribuer en majeure partie à la différence d'action des poudres employées, peut aussi provenir, dans une faible mesure, de la position relative occupée par chacun des tubes dans le lingot, et surtout d'une trempe plus ou moins énergique. Les deux cylindres ont été pris aux deux extrémités d'un canon de 95^{mm} ; le n° 1 à la culasse, c'est-à-dire du côté du pied du lingot ; le n° 2 à la volée. Trempés isolément, il est possible que cette opération n'ait pas eu lieu dans des conditions identiques et que le n° 1, par suite de la température relativement élevée à laquelle il aura été porté pour cette opération, ait acquis une supériorité de résistance qui manque au n° 2.

On ne saurait néanmoins attribuer aux positions relatives des cylindres dans le lingot, ni même à l'action de la trempe, une influence assez grande pour expliquer des écarts aussi sensibles entre les déformations des deux tubes, et c'est la différence d'action des deux poudres qui doit surtout en être rendue responsable.

Si maintenant on rapproche les épreuves du tube n° 1 de celles des tubes précédemment essayés avec la même poudre, on reconnaît que l'acier de la coulée 938 semble, mieux encore que les autres, se rapprocher du type que l'on cherche à réaliser, puisque, tout en offrant la même résistance à l'éclatement, il accuse des déformations moindres.

Rupture du tube n° 1. — Après avoir ainsi satisfait d'une manière remarquable aux épreuves de tir à la poudre ordinaire, le tube n° 1 a été soumis à l'action de la poudre A_1, aux charges de 800, 900, 1000, 1100 et 1200 grammes. Les deux premières n'ont point augmenté les déformations déjà existantes ; celle de 1 kilogramme a donné des accroissements de diamètre peu sensibles ; à 1100 grammes, l'augmentation est devenue plus importante ; à la charge suivante (1200 grammes), le tube a éclaté.

La rupture a eu lieu suivant un plan perpendiculaire à l'axe et passant par le fond des derniers filets de l'écrou dans lequel s'engage la vis-lumière ; la cassure était fort belle et présentait des arrachements attestant la bonne qualité du métal. Cette brusque rupture, que les déformations précédentes ne semblaient pas de nature à faire présager, a ranimé les préventions contre l'acier dur et, quoique le métal de la coulée 938 ne puisse être classé dans cette catégorie, puisqu'il correspond à peine à la limite inférieure de dureté exigée par l'artillerie anglaise et par l'artillerie de marine, on s'est demandé si des aciers de cette nuance offriraient une sécurité suffisante. Les éclatements précédents ne s'étaient produits qu'après des déformations beaucoup plus accusées, des signes de fatigue plus apparents. Cette rupture transversale, passant par un filet de l'écrou, ne devait-elle pas faire redouter, avec un métal analogue, les déculassements qu'un acier moins vif semblait plus apte à prévenir?

Ces appréhensions ont, après de mûres réflexions, paru exagérées. En effet, l'éclatement a eu lieu lorsque le tube était déjà fatigué par des épreuves auxquelles aucun des précédents n'avait été soumis. En examinant le tableau des déformations successives signalées par l'étoile mobile (page 358), on remarque que le métal ayant, sous l'action de la poudre ordinaire, cédé davantage du côté de la lumière que du côté opposé, cette irrégularité de déformation s'est accentuée aux charges de 1 000 et 1 100 grammes de poudre A_1, au point de présenter un écart variant presque du simple au double, et de rendre nécessaire à chaque coup l'emploi d'un obturateur neuf. Il s'est ainsi formé, à l'origine de la chambre, un point faible dont le danger augmentait à mesure que se répétaient les efforts considérables auxquels l'acier était soumis. Enfin, la déformation a gagné les derniers filets de l'écrou, dont l'angle vif a déterminé la rupture.

En vérifiant les dimensions intérieures après ce dernier coup, on a remarqué que le diamètre de la chambre a augmenté de $0^{mm},7$ du côté de la culasse et que la déformation produite par la charge de 1 200 grammes A, va en diminuant très-régulièrement jusqu'à l'extrémité opposée, où elle n'est plus que de $0^{mm},1$. Chacune des tranches du métal a donc subi d'autant plus fortement l'action de la poudre, qu'elle se trouvait plus éloignée du point où le tube s'est brisé.

L'aspect de la cassure n'a pas peu contribué à effacer la mauvaise impression produite par la brusque rupture du tube n° 1. Tout porte à croire qu'un canon de cette nuance aurait résisté aussi bien que les autres aux épreuves à outrance sans se déformer autant et sans être aussi sujet aux matages que l'on a tout intérêt à éviter.

Tube fretté. — Il n'y a pas lieu d'insister longuement sur les épreuves du tube n° 3, dont le frettage constituait l'intérêt principal. Un défaut de fabrication a fait manquer l'expérience. Au lieu d'une frette unique, que l'on se proposait d'essayer, on a eu, en réalité, deux frettes jointives, et les essais auxquels le tube a été soumis n'ont fait que confirmer les résultats obtenus avec le n° 3 de la coulée 612. La déformation maximum s'est produite à la partie correspondant au joint des frettes qui se sont séparées; mais en raison de la résistance supérieure de l'acier, cette déformation a été bien moins sensible que dans le tube à trois frettes qui faisait partie de la deuxième série.

Comparaison des effets des deux poudres. — En rapprochant les épreuves du tube n° 2 (poudre A_1) d'une part de celles du n° 1 (poudre ordinaire), et d'autre part de celles des deux tubes de la coulée 608 (poudre ordinaire), on remarque :

1° Que, l'acier étant le même, l'écart entre les déformations a été considérable;

2° Que, le métal appartenant à des nuances d'acier sensiblement différentes, les augmentations diamétrales de la chambre ont été à peu près les mêmes.

Ces observations conduisent à la conclusion suivante :

En raison de la lenteur relative de sa combustion, la poudre A_1 exerce sur les parois d'un tube en acier fermé aux deux bouts, qu'elle remplit en totalité ou en partie, une action prolongée sous laquelle le métal se déforme beaucoup plus que lorsqu'il se trouve soumis à l'effort instantané produit par l'inflammation de la poudre ordinaire.

Examen des grains de lumière. — L'examen attentif des

grains de lumière apporte une nouvelle preuve à l'appui de cette assertion. Tous les grains employés pour le tir des tubes n°s 1 et 2 étaient en acier de même nature. Chaque grain, percé d'un canal de 2^{mm},5 pour la communication du feu, ne sert qu'une fois.

Au moment de l'explosion, les gaz, ne trouvánt pour s'échapper que ce passage, s'y précipitent à une température très-élevée, avec une violence d'autant plus grande que la charge a été plus forte et la combustion plus rapide. A charge égale, la poudre ordinaire augmente le diamètre du canal beaucoup plus que la poudre A, qui brûle plus lentement; le rapport entre les déformations est environ celui de 4 à 3.

Agissant plus lentement, la poudre A, agit aussi plus uniformément que l'autre, c'est-à-dire que son action se répartit plus uniformément dans la chambre. Le tube n° 2 ne présente plus cette particularité remarquée dans tous les tubes éprouvés à la poudre ordinaire qui se sont déformés davantage du côté de la lumière que du côté opposé.

L'ensemble de ces observations pouvait suffire pour démontrer la différence des effets des deux poudres *en vase clos*. Mais ce résultat ne pouvait être l'objet d'un contrôle trop minutieux. Pour lever tous les doutes, on reprit le tube 618 n° 4 qui avait été tiré plusieurs fois de suite à la charge de 750 grammes de poudre ordinaire. Chaque coup avait produit des augmentations de diamètre de 0^{mm},025. On le tira trois fois de suite à la même charge de poudre A,, puis alternativement aux charges de 850 grammes de poudre ordinaire et de poudre A,. Celle-ci (comme le montre le tableau de la page 46) a toujours produit les déformations les plus sensibles.

Ainsi, la poudre à combustion lente, moins fatigante qu'une poudre plus vive pour un canon dont le projectile se déplace sous la pression des gaz, éprouve au contraire davantage les parois d'un tube fermé aux deux bouts.

Comparaison des grains de lumière en cuivre et en acier. —

La comparaison des grains de lumière en cuivre et en acier a donné des résultats aussi peu discutables.

Aux charges de 700, 800 ...., 1 200 grammes, les tubes n°s 1 et 3, tirés tous deux à la poudre ordinaire, ont reçu, l'un des grains en acier, l'autre des grains en cuivre rouge. L'agrandissement du diamètre du canal a toujours été d'un tiers ou d'un quart plus fort dans les derniers ([1]).

La collection des grains de lumière ayant servi à ces expériences a été mise à l'appui du rapport. Chaque grain porte l'indication du poids de la charge au tir de laquelle il a servi. Pour ceux qui appartiennent au tube n° 2 (poudre A,), cette indication est suivie de la lettre A. Les grains en cuivre dont on a fait usage dans le tube n° 3 (fretté) portent la lettre F.

En outre, une empreinte en gutta-percha, dans laquelle tous ces grains se trouvent rassemblés, permet de comparer facilement :

1° Les augmentations de diamètre du canal correspondant aux mêmes charges de la même poudre, le métal étant différent;

2° Les mêmes augmentations, dans le cas où, le métal étant le même, la poudre est différente.

Les tableaux ci-après présentent pour chacun des tubes en bronze ou en acier, les résultats des visites faites avec l'étoile mobile après chaque coup. Les diamètres ont été mesurés de centimètre en centimètre, le numéro 1 étant du côté de la vis-culasse. (*Par suite du manque d'espace, on n'a reproduit ici que les résultats obtenus de deux en deux centimètres.*)

Les diamètres extérieurs ont été mesurés au moyen d'un pied à coulisse aussi exactement que possible.

---

(1) On n'a pas fait l'analyse du cuivre employé au Creusot pour la fabrication des grains de lumière ; il est possible qu'il n'ait pas les qualités du métal employé pour le même objet dans l'artillerie.

Acier extra-doux. — Coulée nº 618.

Tube nº 1. — Non trempé.

	Après l'alésage.	APRÈS LES CHARGES DE									
		300gr.	400gr.	500gr.	600gr.	700gr.	800gr.	900gr.	1 000gr	1 100gr	1 200gr
Diamètre extérieur..	mm 215,00	mm 215,00	mm 215,00	mm 215,00	mm 215,25	mm 216,50	mm 217,40	mm »	mm 219,50	mm 219,60	Éclatement.
Diamètres intérieurs. 2	80,00	80,00	80,00	80,00	80,10	81,80	83,45	»	84,70	85,90	
4	id.	id.	id.	id.	80,20	82,25	84,30	»	86,00	86,50	
6	id.	id.	id.	id.	80,28	82,70	84,95	»	87,30	88,00	
8	id.	id.	id.	traces d'agrandissement.	80,35	83,10	85,40	»	88,35	89,20	
10	id.	id.	id.		80,44	83,40	85,80	»	89,40	90,20	
12	id.	id.	id.		80,47	83,50	85,95	»	90,20	90,70	
14	id.	id.	id.	80,00	80,48	83,60	85,75	»	89,90	90,80	
16	id.	id.	id.	id.	80,44	83,40	85,05	»	89,50	90,20	
18	id.	id.	id.	id.	80,35	82,95	84,55	»	88,85	89,00	
20	id.	id.	id.	id.	80,25	82,55	84,00	»	87,70	87,90	
22	id.	id.	id.	id.	»	,	»	»	86,85	86,00	

Après la charge de 800 grammes, on remarque dans ce tube de nombreuses piqûres formant couronne autour des obturateurs. Il est tellement gonflé que l'on juge bon de passer à la charge de 1 kil., en sautant celle de 900 grammes.

Abandonné en raison de ses déformations, à la première série d'épreuves, il est repris à la seconde série après un nouvel ajustage. On tire un premier coup à la charge de 1 100 grammes; et le tube éclate au coup suivant, 1 200 grammes, chambre pleine. La partie centrale a donné plusieurs éclats, tandis que les deux extrémités se sont détachées sans se fendre et en conservant les vis-tampons engagées dans leurs filets.

Acier extra-doux. — Coulée nº 618.

Tube nº 2.   Trempe ordinaire au rouge sombre. — Longueur du tube : 600mm.

	Après l'alésage.	APRÈS LES CHARGES DE								
		300gr.	400gr.	500gr.	600gr.	700gr.	800gr.	900gr.	1 000gr	1 100gr
Diamètre extérieur maximum..	mm 215,00	mm 215,00	mm 215,00	mm 215,00	mm 215,00	mm 215,20	mm 216,25	mm 216,75	mm 217,75	
Diamètres intérieurs. 2	80,25	80,25	80,25	80,30	80,35	80,55	81,55	82,90	85,30	Éclatement.
4	id.	id.	id.	id.	80,38	80,65	82,04	83,45	85,80	
6	id.	id.	id.	id.	80,40	80,72	82,45	83,95	86,20	
8	id.	id.	id.	id.	80,42	80,81	82,90	84,30	86,60	
10	id.	id.	id.	80,32	80,43	80,87	83,22	84,45	86,85	
12	id.	id.	id.	80,35	80,45	80,90	83,40	84,40	86,90	
14	id.	id.	id.	80,34	id.	id.	83,45	84,20	86,75	
16	id.	id.	id.	80,32	80,43	80,88	83,20	83,85	86,62	
18	id.	id.	id.	80,31	80,41	80,80	82,90	83,50	86,10	
20	id.	id.	id.	80,30	80,40	80,70	82,50	83,00	85,70	
22	id.	id.	id.	id.	id.	80,65	82,25	82,85	85,12	

L'effet de la trempe est déjà sensible si l'on compare ce tube au précédent. Il a cependant été trempé à une température peu élevée. Il semble avoir perdu sa limite d'élasticité à la charge de 500 grammes; mais ce n'est guère qu'après la charge de 700 grammes que l'on constate des agrandissements un peu sensibles, et ces déformations suivent une marche beaucoup plus lente que dans le tube non trempé.

Une fente de quelques millimètres de longueur a été mise à découvert, après la charge de 900 grammes, à 19^{cm} de la vis-culasse. Après avoir tiré à 1 kil. pendant la première série d'essais, le tube 618 n° 2 a été abandonné. On l'a ajusté de nouveau pour le faire participer aux épreuves de la deuxième série, et il a éclaté au premier coup, à la charge de 1100 grammes. La rupture a eu lieu comme celle du cylindre précédent, la partie centrale fournissant beaucoup d'éclats, tandis que les deux extrémités se détachaient sans se rompre.

Acier extra-doux. — Coulée n° 618.

Tube n° 3. — Trempe spéciale au rouge cerise.

Longueur du tube : 600^{mm}.

	Après l'alésage.	APRÈS LES CHARGES DE									
		300gr.	400gr.	500gr.	600gr.	700gr.	800gr.	900gr.	1 000gr	1 100gr	1 200gr
	mm	mm	mm	mm	mm	mm	mm	mm	mm	mm	mm
Diamètre extérieur..	216,75	216,75	216,75	216,75	216,75	216,75	216,75	217,75	218,20	219,90	220,30
2	80,00	80,00	80,00	80,00	80,00	80,00	80,35	81,42	81,78	83,20	83,45
4	id.	id.	id.	id.	id.	id.	80,50	81,82	82,30	84,10	84,50
6	id.	id.	id.	id.	id.	id.	80,65	82,15	82,83	85,00	85,70
8	id.	id.	id.	id.	id.	id.	80,85	82,95	83,38	85,90	86,90
10	id.	id.	id.	id.	id.	80,03	80,95	82,65	83,80	87,00	87,85
12	id.	id.	id.	id.	id.	80,05	81,00	82,72	83,95	87,50	88,62
14	id.	id.	id.	id.	id.	80,05	80,95	82,65	84,05	87,60	89,05
16	id.	id.	id.	id.	id.	80,03	80,92	82,50	83,83	87,35	89,08
18	id.	id.	id.	id.	id.	80,00	80,85	82,15	83,23	86,50	88,85
20	id.	id.	id.	id.	id.	id.	80,65	81,90	82,70	85,70	88,20
22	id.	id.	id.	id.	id.	id.	,	»	82,30	84,90	87,90

(Row labels 2–22 under the spanning heading « Diamètres intérieurs. »)

Trempé à une température plus élevée que le précédent, ce tube se comporte d'une manière très-remarquable. Il ne perd sa limite d'élasticité qu'à la charge de 700 grammes, et encore la déformation est-elle presque insensible. Il supporte la charge de 1 200 grammes avec une déformation maximum du diamètre de 9^{mm},10. Sa surface extérieure est alors couverte de marbrures très-sensibles à la vue et au toucher.

A la charge de 1 200 grammes, la vis-lumière a été cassée et la partie antérieure du six-pans qui la termine a été projetée contre la paroi de l'abri voûté. Ce tube a été envoyé par M. Schneider au Dépôt central de l'artillerie, où il se trouve encore aujourd'hui.

Acier extra-doux. Tube n° 4. — Trempe spéciale au rouge cerise. — Longueur du tube : 600mm. — Coulée n° 818.

Diamètre extérieur	Après l'alésage	APRÈS LES CHARGES DE							
		500 gram.	600¹ gram.	600² gram.	600³ gram.	600⁴ gram.	600⁵ gram.	600⁶ gram.	600⁷ gram.
Diamètre extérieur	215,00	Sans changement							
2	80,05	80,05	80,05	80,05	80,10	80,10	80,10	80,05	80,10
4	id.	id.	id.	80,05	80,12	80,15	80,15	80,15	80,13
6	id.	id.	id.	80,12	80,15	80,19	80,19	80,21	80,20
8	id.	id.	id.	80,20	80,21	80,22	80,21	80,23	80,22
10	id.	id.	80,05	80,21	id.	80,25	80,23	80,27	80,24
12	id.	id.	id.	80,22	80,25	id.	80,26	80,30	id.
14	id.	id.	80,10	80,24	80,27	id.	id.	80,28	id.
16	id.	id.	id.	id.	80,25	80,24	80,25	80,25	id.
18	id.	id.	id.	id.	id.	80,23	80,25	id.	80,23
20	id.	id.	id.	80,20	80,21	80,21	80,21	80,22	80,22
22	id.	id.	id.	id.	80,19	80,15	80,20	80,20	80,21

Diamètre extérieur	Après le 2e alésage	APRÈS LES CHARGES DE																
		600¹ gram.	600² gram.	600³ gram.	600⁴ gram.	650¹ gram.	650² gram.	700¹ gram.	700² gram.	750¹ gram.	750² gram.	750³ gram.	750⁴ gram.	750⁵ gram.	750⁶ gram.	750⁷ gram.	750⁸ gram.	750⁹ gram.	750¹⁰ gram.
Diamètre extérieur	215,00	Sans changement																
2	83,20	83,20	83,20	83,20	83,20	83,20	83,20	83,20	83,20	83,20	83,225	83,225	83,275	83,300	83,400	83,350	83,350	83,375	83,425
4	id.	id.	id.	id.	id.	id.	id.	id.	id.	id	83,200	id.	id.	id.	id.	83,300	83,375	83,425	83,475
6	id.	id.	id.	id.	id.	id.	id.	id.	id.	id.	83,225	83,250	id.	83,325	id.	83,400	83,400	83,450	83,500
8	id.	id.	id.	id.	id.	id.	id.	id.	id.	id.	id.	id.	id.	id.	83,425	id.	83,400	83,475	83,525
10	id.	id.	id.	id.	id.	id.	id.	id.	id.	id.	83,200	id.	id	id.	id.	83,425	id.	83,500	id.
12	id.	id.	id.	id.	id.	id.	id.	id.	id.	id.	id.	83,225	id.	id.	83,450	83,450	83,475	id.	83,550
14	id.	id.	id.	id.	id.	id.	id.	id.	id.	id.	id.	id.	83,300	83,350	id.	id.	83,450	id.	83,525
16	id.	id.	id.	id.	id.	id.	id.	id.	id.	id.	id.	83,250	id.	id.	83,425	id.	id.	83,475	id.
18	id.	id.	id.	id.	id.	id.	id.	id.	id.	id.	83,225	id.	id.	id.	id.	83,425	id.	83,450	83,500
20	id.	id.	id.	id.	id.	id.	id.	id.	id.	id.	id.	id.	83,275	83,325	83,400	83,400	83,400	83,425	83,450
22	id.	id.	id.	id.	id.	id.	id.	id.	id.	id.	id.	id.	id.	83,300	83,350	83,350	83,350	83,350	83,400

Diamètre extérieur	Après interruption de plusieurs jours	APRÈS LES CHARGES DE						
		750 A₁ gram.	750 A₁ gram.	750 A₁ gram.	750 O gram.	750 A₁ gram.	750 O gram.	750 A₁ gram.
Diamètre extérieur	215,00	Sans changement						
2	83,225	83,275	83,475	83,450	83,425	83,500	83,500	83,550
4	83,250	83,300	83,475	83,500	83,500	id.	83,530	83,600
6	83,275	83,350	83,525	83,525	83,525	83,600	83,600	83,675
8	83,300	83,375	83,550	83,600	83,600	83,650	83,650	83,700
10	83,325	id.	83,575	id.	id.	83,675	id.	83,750
12	83,375	83,400	83,600	83,625	83,625	id.	83,700	83,775
14	83,375	83,350	83,550	id.	id.	83,600	id.	83,750
16	83,350	83,325	id.	83,600	83,600	id.	83,625	83,700
18	83,300	id.	83,525	83,575	83,575	83,625	83,600	83,675
20	83,250	83,275	83,475	83,550	83,525	83,550	83,550	83,600
22	83,225	83,225	83,450	83,450	83,450	83,500	83,525	83,500

Ce tube a été consacré à l'étude des effets produits par la poudre dans un espace clos. On se proposait d'abord de reconnaître si l'acier finit par se déformer par suite de la répétition d'un effort qui, pris isolément, ne lui a pas fait perdre sa limite d'élasticité. Pendant la première série d'essais, la charge de 600 grammes avait paru produire un commencement de déformation, mais la surface intérieure du tube présentait de nombreux arrachements provenant d'un alésage défectueux et pouvant, jusqu'à un certain point, être accusés des variations que l'on observait dans les indications de l'étoile mobile. Un nouvel alésage qui porte le diamètre de la chambre à 83mm fit disparaître ces défectuosités et permit d'opérer à nouveau comme avec un tube tout à fait neuf.

4 coups à 600 grammes, 2 à 650, 2 à 700 ne produisirent aucun effet. Le second coup à la charge de 750 grammes fit apparaître des traces de déformation qui ne tardèrent pas à devenir plus sensibles. Chacun des coups suivants (même charge) augmentait le diamètre intérieur à peu près régulièrement de 1/4 de dixième de millimètre. Ces augmentations étaient plus sensibles à mesure que le tube s'échauffait par le tir. On peut s'en convaincre en rapprochant les résultats donnés par l'étoile, d'une part après le 6e coup à 750 grammes, le tube étant échauffé par le tir de 4 coups successifs, et d'autre part après le 7e qui s'est trouvé le premier de la séance suivante. Il n'y a aucune différence entre les chiffres des deux colonnes.

L'effet du refroidissement est encore bien plus frappant après le 10e coup à 750 grammes; une seconde vérification, faite après un intervalle de plusieurs jours, a donné des diamètres plus faibles de 2 dixièmes que ceux qui avaient été observés après le coup, le tube étant chaud. Ce résultat, d'accord avec la théorie de la dilatation des métaux par la chaleur, n'est mentionné néanmoins que sous toute réserve des irrégularités de réglage et de jeu de l'étoile mobile, irrégularités dont il y a lieu de tenir grand compte.

L'examen du tableau ci-dessus donne, en outre, lieu de croire que si l'on avait continué assez longtemps le tir à 700 grammes et même à des charges plus faibles, la limite d'élasticité eût fini par être dépassée. Il ne paraît pas douteux que l'acier se déforme à la longue sous la répétition d'un effort qui semble d'abord sans effet sur lui.

La partie la plus intéressante des expériences auxquelles ce tube a servi est celle qui a eu pour objet la comparaison des poudres ordinaires (Vonges-1865) et A_1. On avait cru remarquer dans les épreuves des tubes 1 et 2 de la 3e série, que la poudre A_1 produit plus de déformation que la poudre ordinaire dans un espace clos. Celle-ci, à la charge de 750 grammes, produisait un agrandissement moyen de $^1/_4$ de dixième de millimètre. Trois coups, tirés à la même charge de poudre A_1, donnèrent une augmentation totale de 3 dixièmes. On avait ainsi la confirmation des observations antérieures. Pour la rendre plus sûre encore, on tira 4 nouveaux coups à 750 grammes en alternant les deux poudres. Le premier (poudre ordinaire) ne produisit aucun effet; après le 2e (poudre A_1), on constata une augmentation de $^1/_2$ dixième; après le 3e (poudre ordinaire), $^1/_4$ de dixième à peine; enfin le 4e produisit un accroissement de $^1/_{10}$ environ.

Il parut inutile de pousser l'expérience plus loin; la différence d'effets des deux poudres dans un tube fermé aux deux bouts était suffisamment démontrée.

Acier doux. — Coulée nº 608.

Tube nº 1. — Trempe spéciale au rouge cerise.

Longueur du tube : 600mm.

	Après l'alésage.	APRÈS LES CHARGES DE										1 200gr lumière bouchée
		300gr.	400gr.	500gr.	600gr.	700gr.	800gr.	900gr.	1 000gr	1 100gr	1 200gr	
	mm	mm	mm	mm	mm	mm	mm	mm	mm	mm	mm	
Diamètre extérieur..	216,60	216,60	216,60	216,60	216,60	216,60	216,60	217,10	217,80	217,95	219,55	
2	80,00	80,00	80 00	80,00	80,00	80,00	80,22	80,25	81,10	81,30	82,63	
4	id.	id.	id.	id.	id.	id.	80,38	80,45	81,52	81,80	83,50	
6	id.	id.	id.	id.	id.	id.	80,50	80,60	81,90	82,20	84,40	
8	id.	id.	id.	id.	id.	id.	80,60	80,70	82,25	82,65	85,35	
10	id.	id.	id.	id.	id.	id.	80,68	80,80	82,50	82,85	86,00	
12	id.	id.	id.	id.	id.	id.	80,72	80,85	82,65	83,00	86,55	Éclatement.
14	id.	id.	id.	id.	id.	id.	80,69	id.	82,60	id.	86,65	
16	id.	id.	id.	id.	id.	id.	80,65	80,80	82,50	82,90	86,69	
18	id.	id.	id.	id.	id.	id.	80,58	80,68	82,20	82,65	86,20	
20	id.	id.	id.	id.	id.	id.	80,48	80,58	81,85	82,10	85,75	
22	id.	id.	id.	id.	id.	id.	»	»	81,60	81,85	85 20	

En rapprochant les chiffres ci-dessus de ceux que renferme le tableau de la page 349, on peut comparer les résistances des aciers des coulées 618 et 608. L'un commence à se déformer à la charge de 700 grammes, l'autre à celle de 800. Après le tir à 1 200 grammes, le dernier ne présente qu'une augmentation maximum du diamètre intérieur de 6mm,75, tandis que dans le tube 618 nº 3, cette augmentation se trouve être, à la même charge, de 9mm,10.

A 15cm de la vis-culasse, on a remarqué, après le tir à la charge de 1 kil. une petite fente qui s'est agrandie aux deux coups suivants, et qui s'est trouvée comprise dans le plan de rupture quand on fait éclater le tube en le chargeant pour la deuxième fois de 1 200 grammes de poudre et en bouchant la lumière (voir page 25).

Acier doux. — Coulée n° 608.

Tube n° 2. Trempe spéciale au rouge cerise. — Longueur du tube : 600ᵐᵐ.

Diamètres intérieurs.	Après l'alésage.	APRÈS LES CHARGES DE							
		500gr.	600gr.	700gr.	800gr.	900gr.	1000gr.	1100gr.	1200gr.
	mm	mm	mm	mm	mm	mm	mm	mm	mm
Diamètre extérieur....	217,20	217,20	217,20	217,20	217,20	217,60	218,25	218,40	218,90
2	N'a pas été mesuré par oubli.	80,14	N'a pas été mesuré par oubli.	80,05	80,18	80,42	80,86	85,00	86,40
4		80,10		id.	80,30	80,60	81,25	84,95	87,00
6		80,05		80,18	80,35	80,90	81,65	id.	87,25
8		id.		80,17	80,45	81,05	81,90	id.	87,45
10		id.		80,10	80,50	81,10	82,19	id.	87,50
12		80,08		80,05	id.	81,20	82.39	id.	37,45
14		80,10		id.	id.	id.	82,51	id.	87,40
16		80,15		id.	id.	81,30	82,63	id.	87,20
18		id.		id.	80,55	id.	82,70	85,00	87,00
20		id.		80,10	80,62	.81,25	82,69	85,25	86,60
22		id.		id.	id.	81,24	82,58	id.	86,40

Ce tube devait être tiré dans les mêmes conditions que le 618 n° 4, mais on a, par deux fois, oublié de vérifier les diamètres, et l'expérience a été manquée. L'alésage, très-défectueux, avait laissé dans l'âme de nombreuses traces d'arrachements qui rendaient incertaines les indications données par l'étoile mobile. On peut admettre que la déformation, comme dans le tube 608 n° 1, n'a commencé qu'à la charge de 800 grammes. Tous deux, après la charge de 1 kil., ont le même agrandissement intérieur.

Interrompues en raison des difficultés de manœuvre que présentaient les vis-tampons, les épreuves de ce tube ont été reprises dans la seconde série d'essais. Mais on a voulu régulariser la surface intérieure et faire pour cela un nouvel alésage, ce qui empêche de pouvoir comparer avec exactitude les résultats obtenus aux charges de 1 100 et de 1 200 grammes avec ceux du tube précédent. La surface extérieure est couverte de marbrures, une fente assez forte, d'un centimètre de longueur, se fait remarquer à l'intérieur.

Bronze. — Tube A. Longueur 600ᵐᵐ.

Diamètres intérieurs.	Après l'alésage.	APRÈS LES CHARGES DE					
		300gr.	400gr.	500gr.	600gr.	700gr.	800gr.
	mm	mm	mm	mm	mm	mm	
Diamètre extérieur....	216,30	216,30	216,30	216,65	217,70	220,40	Éclatement.
2	79,90	79,90	79,90	80,200	82,00	87,50	
4	id.	id.	id.	80,300	82,30	88,20	
6	id.	id.	id.	80,425	82,60	88,90	
8	id.	id.	id.	80,550	82,90	89,10	
10	id.	id.	id.	80,600	83,00	89,20	
12	id.	id.	id.	80,625	83,10	88,90	
14	id.	id.	79,95	id.	83,05	88,55	
16	id.	id.	id.	80,600	82,70	87,40	
18	id.	id.	80,00	80,475	82,25	86,10	
20	id.	id.	id.	80,375	81,70	84,50	
22	id.	id.	id.	80,300	81,30	83,20	

La déformation commence insensiblement à la charge de 400 grammes. A 500 grammes, on remarque dans la chambre 2 piqûres très-légères dont on prend l'empreinte, et dont on peut suivre les progrès aux charges suivantes. A 600 grammes, les piqûres augmentent de nombre et de profondeur; le tube est marbré à l'extérieur tandis que l'âme est sillonnée dans tous les sens de fines fissures qui, à la charge suivante, deviennent des déchirures profondes. L'emplacement de l'obturateur est rongé par les gaz; il devient difficile d'en ajuster un nouveau. Le tube s'éventre, sans projeter d'éclats, à la charge de 800 grammes.

Contrairement à toutes les remarques faites avec les cylindres d'acier, la déformation la plus sensible se trouve du côté de la culasse. On ne tarde pas à trouver l'explication de cette anomalie, en constatant que le bas du lingot sert de logement à la vis-lumière.

Bronzé. — Tube B. Longueur 480^{mm}.

	Après l'alésage.	APRÈS LES CHARGES DE							
		200gr.	300gr.	400gr.	500gr.	600gr.	700gr 1	700gr 2	800gr.
	mm	mm	mm	mm	mm	mm	mm	mm	mm
Diamètre extérieur	216,30	216,30	216,30	216,30	216,35	217,30	220,20	221,05	,
2	79,95	79,95	79,95	79,95	80,050	81,20	85,65	87,60	88,85
4	id.	id.	79,90	id.	80,100	81,60	86,50	89,80	91,20
6	id.	id.	id.	id.	id.	82,00	87,55	90,60	92,60
8	id.	id.	id.	id.	80,150	82,30	88,55	91,00	93,10
10	79,90	79,90	id.	79,90	id.	82,65	89,20	id.	93,45
12	id.	id.	id.	id.	id.	82,70	89,10	90,80	93,50
14	id.	id.	id.	id.	id.	82,55	88,30	91,00	92,60
16	id.	id.	id.	id.	80,100	82,35	87,75	89,70	91,10
18	id.	id.	id.	id.	80,075	81,95	86,75	88,30	89,80
20	id.	id.	id.	id.	80,050	81,45	85,00	87,35	88,25
22	id.	id.	id.	id.	80,000	81,05	83,20	85,70	86,20

(Colonne de gauche : Diamètres intérieurs.)

Dans la pensée que la diminution de longueur de ce tube et des suivants pourrait diminuer leur résistance, on a commencé à les tirer à la charge de 200 grammes. Au 4ᵉ coup (500 grammes), la limite d'élasticité est dépassée, des fissures légères se montrent dans la chambre; la surface extérieure commence à se marbrer. Les marbrures augmentent au coup suivant: la chambre est toute quadrillée de fissures régulières, sans piqûres. Après la charge de 700 grammes, les dégradations sont telles que l'on juge une charge semblable suffisante pour produire l'éclatement, mais l'obturation ne peut plus avoir lieu que d'une manière imparfaite; les gaz passent tout autour de la vis-lumière et l'agrandissement du canal du grain correspond à peine à une charge de 500 grammes. Le même accident se produit au coup suivant; d'énormes déchirures se présentent à l'emplacement de l'obturateur et dans les filets de l'écrou. On renonce alors à pousser l'expérience plus loin, le tube paraissant complétement hors de service.

Les déformations signalées par ce tableau confirment pleinement les remarques faites sur le tube A ; elles sont sensiblement plus fortes du côté de la culasse que du côté de la lumière, ce qui démontre avec évidence la différence de résistance que présente le métal dans la partie supérieure ou dans le bas du lingot.

Acier doux. — Coulée nº 612.

Tube nº 1. — Trempe ordinaire au rouge cerise. — Longueur du tube : 480mm.

	Après l'alésage.	APRÈS LES CHARGES DE								1000gr.
		200gr.	300gr.	400gr.	500gr.	600gr.	700gr.	800gr.	900gr.	
	mm	mm	mm	mm	mm	mm	mm	mm	mm	
Diamètre extérieur.	216,30	216,30	216,30	216,30	216,30	216,30	216,30	216,70	217,20	Éclatement : 7 morceaux, dont 3 gros dans le sens de la longueur et 4 petits.
2	80,13	80,13	80,13	80,13	80,13	80,13	80,250	80,475	81,35	
4	id.	id.	id.	id.	id.	id.	80,275	80,600	81,45	
6	id.	id.	id.	id.	id.	id.	80,290	80,650	81,80	
8	id.	id.	id.	id.	id.	id.	80,300	80,700	82,05	
10	id.	id.	id.	id.	id.	id.	id.	80,740	82,25	
12	id.	id.	id.	id.	id.	id.	id.	80,750	82,40	
14	id.	id.	id.	id.	id.	id.	id.	80,700	id.	
16	id.	id.	id.	id.	id.	id.	id.	80,675	id.	
18	id.	id.	id.	id.	id.	id.	id.	80,625	82,25	
20	id.	id.	id.	id.	id.	id.	80,275	80,560	82,10	
22	id.	id.	id.	id.	id.	id.	80,253	80,475	id.	

Acier doux. — Coulée nº 612.

Tube nº 2. — Trempe spéciale au rouge cerise. — Longueur du tube : 480mm.

	Après l'alésage.	APRÈS LES CHARGES DE								1000gr.
		200gr.	300gr.	400gr.	500gr.	600gr.	700gr.	800gr.	900gr.	
	mm	mm	mm	mm	mm	mm	mm	mm	mm	
Diamètre extérieur.	216,30	216,30	216,30	216,30	216,30	216,30	216,30	216,75	217,50	Éclatement : 7 morceaux, dont 2 gros dans le sens de la longueur, 3 moyens et 2 petits.
2	80,00	80,00	80,00	80,00	80,00	80,00	80,100	80,425	81,50	
4	id.	id.	id.	id.	id.	id.	80,100	80,450	81,75	
6	id.	id.	id.	id.	id.	id.	80,125	80,500	82,05	
8	id.	id.	id.	id.	id.	id.	80,175	80,550	82,45	
10	id.	id.	id.	id.	id.	id.	id.	80,600	82,65	
12	id.	id.	id.	id.	id.	id.	id.	id.	id.	
14	id.	id.	id.	id.	id.	id.	id.	80,550	82,55	
16	id.	id.	id.	id.	id.	id.	id.	80,525	82,35	
18	id.	id.	id.	id.	id.	id.	id.	80,500	82,05	
20	id.	id.	id.	id.	id.	id.	id.	80,450	81,75	
22	id.	id.	id.	id.	id.	id.	id.	80,425	81,50	

Les deux tubes non frettés de la coulée 612 ne diffèrent entre eux que par la manière dont ils ont été trempés. Soumis à des épreuves identiques, ils se sont comportés de la même manière. Commençant tous deux à se déformer à la charge de 700 grammes, ils avaient, à 800 et à 900 grammes, les mêmes agrandissements de diamètre, soit à l'intérieur, soit à l'extérieur. Tous deux ont éclaté à la charge de 1 kil. et l'égalité des effets s'est fait remarquer jusque dans le nombre et la forme des éclats. On en a conclu que les deux procédés de trempe n'ont pas d'action sensiblement différente sur la résistance de l'acier.

Dès la charge de 800 grammes, on a vu à la surface intérieure de chaque tube de fines fissures qui se sont agrandies à 900 grammes et qui ont amené la rupture au coup suivant. Ces fissures dénotent des défauts que l'on a supposé provenir de la position occupée par les deux tubes à la partie supérieure, toujours la moins saine, du lingot.

Cependant les épreuves du canon n° 3 qui provient de la même coulée ayant mis au jour dans la chambre des défauts analogues, il est permis de croire que le lingot tout entier se trouvait de qualité inférieure à ceux des coulées 608 et 618.

Acier doux. — Coulée n° 612.

Tube n° 3. — Fretté.

Longueur du tube : 480mm.

Diamètres intérieurs.	Après l'alésage.	APRÈS LES CHARGES DE										
		200gr.	300gr.	400gr.	500gr.	600gr.	700gr.	800gr.	900gr.	1000gr.	1100gr.	1200gr.
Diamètre extérieur.	mm 216,20	mm 216,20	mm 216,20	mm 216,20	mm 216,20	mm 216,20	mm 216,20	mm 216,40	mm 216,40	mm 216,40	mm 216,90	mm 217,30
Distance entre les repères..	340,00	340,00	340,00	340,00	340,00	340,00	340,00	343,75	»	»	346,90	351,00
2	79,92	79,92	79,92	79,92	79,92	79,92	79,95	80,675	83,25	83,65	84,82	85,25
4	id.	id.	id.	id.	id.	id.		80,650	id.	id.	84,75	84,85
6	id.	id.	id.	id.	id.	id.		80,350	82,35	82,70	84,00	83,85
8	id.	id.	id.	id.	id.	id.		80,125	81,60	81,85	83,15	83,00
10	id.	id.	id.	id.	id.	id.		80,050	81,05	81,37	82,55	82,50
12	id.	id.	id.	id.	id.	id.		80,025	80,85	81,22	82,35	82,55
14	id.	id.	id.	id.	id.	id.	Vérifié 2 fois, traces légères d'augmentation.	80,000	80,95	81,37	82,65	83,20
16	79,90	79,90	79,90	id.	id.	id.		80,025	81,45	81,62	83,35	83,90
18	id.	id.	id.	id.	id.	id.		80,025	82,05	82,10	84,35	85,00
20	id.	id.	id.	id.	id.	id.		80,050	82,70	82,75	85,00	86,00
22	id.	id.	id.	id.	id.	id.		80,100	82,25	83,00	84,50	86,20

Les bons effets du frettage sont attestés par les épreuves que ce tube a subies. Après la charge de 700 grammes, l'étoile mobile signale de légères traces de déformation. Les agrandissements diamétraux de la chambre s'accusent aux charges suivantes, mais, au lieu de prendre la forme ovoïde comme dans les tubes non frettés, elle s'agrandit plus aux extrémités qu'au centre. La déformation maximum correspond aux joints des frettes qui se séparent de plus en plus après chaque coup. Maintenu par la frette centrale et ne pouvant se déformer perpendiculairement à son axe, le tube s'étire longitudinalement et fait saillie au dehors sur la tranche des frettes extrêmes. A la charge de 1200 grammes, la vis-lumière est projetée hors de son logement; les filets de l'écrou sont couchés et non arrachés; au faible agrandissement du canal du grain de lumière, on reconnaît qu'une partie seulement des gaz a suivi cette voie. Les frettes ont alors entre elles des intervalles de 4 à 5mm, et l'allongement, mesuré sur des repères distants avant l'épreuve de 340mm, est de 11mm, c'est-à-dire de 3,20 p. 100, tandis que l'augmentation du diamètre intérieur n'est, au milieu de la chambre, que de 2^{mm},50.

Acier. — Coulée n° 938.

Tube n° 3, fretté. — Longueur du tube : 480^{mm}.

	Après l'alésage.	APRÈS LES CHARGES DE									
		300ᵍʳ.	400ᵍʳ.	500ᵍʳ.	600ᵍʳ.	700ᵍʳ.	800ᵍʳ.	900ᵍʳ.	1000ᵍ.	1100ᵍ.	1200ᵍ.
	mm	mm	mm	mm	mm	mm	mm	mm	mm	mm	mm
Diamètre extér.	215,90	215,90	215,90	215,90	215,90	215,90	215,90	»	216,70	216,70	216,70
Distance entre les repères....	340,00	340,00	340,00	340,00	340,00	340,00	340,00	340,25	340,50	340,50	340,50
2	79,90	79,90	79,90	79,90	79,90	79,90	79,950	80,050	81,050	81,025	81,025
4	id.	id.	id.	id.	id.	id.	79,975	80,075	81,25	81,275	81,275
6	id.	id.	id.	id.	id.	id.	80,000	80,100	81,350	81,250	81,300
8	id.	id.	id.	id.	id.	id.	80,000	id.	81,175	81,150	81,150
10	id.	id.	id.	id.	id.	id.	80,000	80,075	81,000	80,950	80,975
12	id.	id.	id.	id.	id.	id.	80,000	id.	80,800	80,775	80,800
14	id.	id.	id.	id.	id.	id.	79,975	80,050	80,625	80,650	80,650
16	id.	id.	id.	id.	id.	id.	id.	80,025	80,525	80,550	80,575
18	79,92	79,92	79,92	id.	79,92	79,92	id.	id.	80,450	80,500	80,500
20	79,95	id.	id.	79,92	id.	id.	80,000	id.	80,400	80,425	80,400
22 (1)	80,00	80,00	80,00	80,00	80,00	80,00	80,500	80,100	80,350	80,400	id.

(1) Défaut d'alésage annulaire.

La disposition adoptée pour le frettage constituait tout l'intérêt des épreuves que ce tube devait subir. On a vu, page 34, que la frette unique, composée de deux parties soudées sous le pilon, s'était ouverte au moment de l'introduction du tube. On ne pouvait plus dès lors compter sur le serrage longitudinal, et l'on retombait tout à fait dans le cas du tube fretté de la coulée 612, à cette différence près qu'il n'y avait qu'un joint. Dès la charge de 700 grammes, la séparation des deux parties de la frette est, en effet, visible; elle correspond à l'augmentation maximum du diamètre intérieur. La déformation de la chambre atteint son maximum à la charge de 1 kil.; elle reste stationnaire aux deux coups suivants, le tube ayant sans doute pris sur la frette un point d'appui assez solide pour opposer une résistance absolue à l'action des gaz. Il y a certaines anomalies dans les indications données par l'étoile mobile aux trois dernières charges. Elles ne s'expliquent que par la difficulté de régler l'instrument toujours exactement de la même manière et d'apprécier avec une certitude absolue des quarts de dixième de millimètre.

Acier. — Coulée n° 938.

Tube n° 1. — Non fretté. — Longueur du tube : 490mm.

	Après l'alésage.	Poudre ordinaire.										Poudre A₁.				
		APRÈS LES CHARGES DE														
		300gr.	400gr.	500gr.	600gr.	700gr.	800gr.	900gr.	1000gr.	1100gr.	1200gr.	800gr.	900gr.	1000gr.	1100gr.	1200gr.
	mm	mm	mm	mm	mm	mm	mm	mm	mm	mm	mm	mm	mm	mm	mm	mm
Diamètre extérieur..	216,10						216,10	216,15	216,25	216,50	216,50					217,40
2	79,87	79,87	79,87	79,87	79,87	79,87	79,90	80,02	80,12	80,60	80,62	80,60	80,62	80,65	81,45	82,05
4	id.	id.	id.	id.	id.	id.	79,92	80,05	80,17	80,70	80,72	80,75	80,75	80,80	81,85	82,37
6	id.	id.	id.	id.	id.	id.	79,95	80,10	80,20	80,82	80,85	80,87	80,87	80,90	82,20	82,70
8	id.	id.	id.	id.	id.	id.	79,97	80,15	80,25	80,92	80,92	81,00	81,00	81,07	82,50	83,00
10	id.	id.	id.	id.	id.	id.	80,00	80,17	80,27	81,02	81,02	81,05	81,07	81,15	82,80	83,32
12	id.	id.	id.	id.	id.	id.	id.	80,20	80,80	id.	id.	81,07	81,12	81,17	82,90	83,40
14	id.	id.	id.	id.	id.	id.	id.	id.	id.	id.	id.	81,10	81,07	81,20	id.	83,27
16	id.	id.	id.	id.	id.	id.	80,02	id.	id.	81,00	81,00	81,05	81,05	81,17	82,80	83,15
18	79,90	79,90	id.	id.	id.	79,90	id.	id.	80,27	80,85	80,95	81,00	81,02	81,07	82,60	82,92
20	id.	id.	79,90	79,90	79,90	id.	id.	80,17	80,25	80,70	80,87	80,95	80,97	81,05	82,47	82,70

Éclatement ; une des extrémités du tube se détache.

La résistance de ce tube à la déformation est remarquable. Sa limite d'élasticité n'est dépassée qu'à la charge de 800 grammes (poudre ordinaire) et les charges suivantes ne portent la déformation diamétrale maximum qu'à 1mm,15, la surface de la chambre conservant son aspect

brillant et poli. Après avoir ainsi satisfait aux épreuves à la poudre
ordinaire, le tube a été soumis à des expériences analogues avec la
poudre A_1, aux charges de 800 à 1200 grammes. Ainsi que le montre
le tableau ci-dessus, les deux premiers coups n'ont produit aucun effet;
à 1200 grammes, le tube a éclaté; le plan de rupture était perpendiculaire à l'axe et passait par le fond des derniers filets de l'écrou servant
à loger la vis-lumière. La cassure était belle et les arrachements qu'elle
présentait témoignaient de la qualité du métal. La déformation du
tube, presque double du côté de la lumière que du côté opposé, n'est
pas sans influence sur ce résultat, qu'achève d'expliquer l'angle vif
qui termine les filets de la vis.

Acier. — Coulée n° 938.

Tube n° 2, non fretté. — Longueur du tube : 480^{mm}.

Diamètres intérieurs.	Après l'alésage.	APRÈS LES CHARGES DE POUDRE A_1 DE									
		300gr.	400gr.	500gr.	600gr.	700gr.	800gr.	900gr.	1000gr.	1100gr.	1200gr.
	mm	mm	mm	mm	mm	mm	mm	mm	mm	mm	mm
Diamètre extérieur.	215,95	»	»	»	»	»	»	»	»	»	»
2	79,87	79,87	79,87	79,87	79,90	80,025	80,175	80,550	81,500	82,725	84,375
4	id.	id.	id.	id.	id.	80,075	80,225	80,650	81,875	83,550	85,550
6	id.	id.	id.	id.	79,92	id.	80,250	80,750	82,175	84,100	86,400
8	id.	id.	id.	id.	id.	80,100	80,275	80,825	82,325	84,550	87,200
10	79,85	79,85	79,85	79,85	79,90	80,125	id.	80,875	82,600	84,825	87,630
12	id.	id.	id.	id.	79,92	id.	80,300	id.	id.	84,850	87,725
14	id.	id.	id.	id.	id.	id.	80,275	80,850	82,475	84,625	87,500
16	id.	id.	id.	id.	79,90	80,100	80,250	80,775	82,250	84,200	86,750
18	id.	id.	id.	id.	id.	80,075	80,225	80,675	82,000	83,550	85,750
20	id.	id.	id.	id.	id.	80,025	80,200	80,600	81,675	82,800	84,600

Les déformations de ce tube sous l'action de la poudre A_1 sont très-
régulières. A peine sensibles après la charge de 600 grammes, elles
augmentent progressivement à chacun des coups suivants. Après la
charge de 1 200 grammes, l'accroissement total au centre de la chambre est de 7^{mm},875, c'est-à-dire à peu près le même que dans les 2 tubes
de la coulée 608. Or, l'écart entre les duretés des deux aciers est sensible,
et il faut bien admettre que, pour se déformer autant que l'autre, le
métal le plus dur a dû être soumis à une action plus puissante.

On a déjà eu l'occasion de faire remarquer que, dans le tir des tubes
à la poudre ordinaire, l'augmentation diamétrale n'était pas égale aux
deux extrémités de la chambre. La poudre A_1, brûlant plus lentement,
exerce son action uniformément sur les parois, et le maximum des déformations se trouve bien au milieu de la chambre.

Il n'est pas nécessaire de rappeler ici les remarques auxquelles a
donné lieu l'examen des grains de lumière (page 42), mais on croit devoir reproduire la conclusion suivante de cette étude : « La poudre A_1
« à combustion lente, fatigue plus que la poudre ordinaire les parois
« d'un tube fermé aux deux bouts ».

En comparant les déformations des tubes nᵒˢ 1 et 2, on remarque entre elles un écart sensible; cette comparaison doit du reste s'arrêter après la charge de 1 100 grammes, car il est certain que celle de 1 200 grammes n'a produit qu'une partie de son effet sur le tube nᵒ 1 en raison de l'éclatement. La différence des déformations peut provenir de deux causes : 1ᵒ la position relative des 2 cylindres dans le lingot, le nᵒ 1 ayant été pris à la partie inférieure, l'autre à la partie supérieure ; 2ᵒ l'inégalité de la trempe, qui peut avoir une action très-sensible sur le plus ou moins de résistance de l'acier.

Ces longues expériences, si intéressantes pour ceux qui y ont assisté, paraissent peut-être un peu confuses et arides à la lecture. On a cherché à les résumer en deux tableaux.

Le premier présente les accroissements maxima des diamètres intérieurs mesurés après chaque charge. Il permet de suivre la marche des déformations progressives des tubes en bronze ou en acier.

Dans le second se trouvent réunis les résultats des essais à la traction, des analyses chimiques et des épreuves à la poudre des tubes qui ont été essayés dans des conditions identiques, c'est-à-dire avec la même poudre et sans addition de frettes. On peut, au moyen de ce tableau, s'assurer de la concordance des indications données par les trois méthodes; un classement basé sur l'une se trouverait, à de bien faibles différences près, confirmé par les deux autres.

Mais il ne faut pas perdre de vue que les conclusions à tirer de ces essais sont uniquement comparatives et ne peuvent avoir un sens absolu. En disant que, pour tel métal, la limite d'élasticité a été dépassée à telle charge, on ne veut pas dire qu'en procédant autrement, par exemple en répétant plusieurs fois une charge inférieure, cette limite n'eût pas été atteinte plus tôt. On veut dire uniquement qu'après avoir opéré d'une manière aussi identique que possible avec le bronze et avec les aciers de nuance diverses, on a pour chacun d'eux dépassé la limite d'élasticité aux charges indiquées.

TABLEAU N° 1.

Accroissements maxima des diamètres après les différentes charges.

DÉSIGNATION et numéros des tubes.		ACCROISSEMENTS TOTAUX APRÈS LES CHARGES DE :										
		200 gr.	300 gr.	400 gr.	500 gr.	600 gr.	700 gr.	800 grammes.	900 gr.	1000 grammes.	1100 grammes.	1200 grammes.
Bronze...... {	A..........	»	0	traces	0,65	3,30	9,45	Éclatement	»	»	»	»
	B..........	0	0	0	0,20	2,80	9,25	13,65 hors de service	»	»	»	»
Acier .												
618. {	1 recuit....	»	0	0	traces	0,48	3,60	5,95	»	10,20	10,90	Éclatement.
	2 trempé...	»	0	0	traces	0,20	0,65	3,20	4,20	6,65	Éclatement.	» »
	3 trempé...	»	0	0	0	0	traces	1,00	2,72	4,05	7,60	9,10
	4..........	A servi constamment à des expériences spéciales.										
608. {	1..........	»	0	0	0	0	0	0,72	0,85	2,65	3,00	6,75
	2..........	»	»	»	0	0-	0	0,62	1,80	2,70	5,25	7,50
612. {	1..........	0	0	0	0	0	0,27	0,74	2,30	Éclatement.	»	»
	2..........	0	0	0	0	0	0,17	0,60	2,65	Éclatement.	»	»
	3 fretté....	0	0	0	0	0	traces	0,68	3,50	8,80	5,00	6,10
938. {	1..........	»	0	0	0	0	0	0,15	0,32	0,42	1,15	1,15
	2 poudre A₁	»	0	0	0	traces	0,25	0,42	1,00	2,75	5,00	7,87
	3 fretté....	»	0	0	0	0	0	traces	0,20	1,45	1,45	1,45

On ne tient compte, dans le tableau n° 2, que des tubes absolument comparables, c'est-à-dire ayant été éprouvés avec la même poudre et sans frettage. Les aciers ne dif-

fèrent donc que par la nuance de dureté, et par les conditions de fabrication ou de trempe.

TABLEAU N° 2.

Résultats comparés des essais à la traction, des analyses chimiques et des épreuves des tubes.

DÉSIGNATION des métaux et des lingots.	ESSAIS À LA TRACTION.			ANALYSE CHIMIQUE. Proportion de carbone pour cent.	ÉPREUVES DES TUBES.		
	Limite d'élasticité (kil. pour millim. carré).	Charge de rupture (kil pour millim. carré).	Allongement pour cent.		Charges auxquelles le métal a commencé à se déformer (grammes).	Charges ayant causé la rupture ou la mise hors de service (grammes).	Accroissement maximum du diamètre intérieur avant la rupture (millim.).
Bronze (¹)...........	9	23	25	.	de 400 à 500	800	11.55 (²)
Acier 618 { recuit ...	15.5	31	29	0,156	500	1200	10.90
Acier 618 { trempé ..	26	42.5	25	0,156	700	1 à 1100 4 sans éclatement	6.65 9.10 après 1200gr
608 id....	24.6	49.6	22	0,197	800	2 id.	7.00 (²)
612 id....	23	43	22	0,155	700	1000	2.50 (²)
938 id....	36	62	14	0,337 ½	800	sans éclatement	1.45

(¹) Les résultats des essais à la traction pour le bronze sont des moyennes entre les limites d'élasticité, charges de rupture et allongements obtenus en opérant sur des barreaux pris aux deux extrémités du cylindre.
(²) Moyenne des deux tubes.

Conclusions. — Sous les réserves faites page 56 relativement au sens qu'il faut leur attribuer, les conclusions à tirer des expériences précédentes peuvent se résumer ainsi qu'il suit :

1° Le bronze est beaucoup moins résistant que l'acier doux. Il perd sa limite d'élasticité et éclate à des charges relativement faibles. L'acier doux présente, avant la rupture, des signes de fatigue sur lesquels il est impossible de se méprendre. L'acier doit donc être préféré au bronze.

2° L'acier extra-doux des lingots 618 et 612 est inférieur à celui des coulées 608 et 938, en ce sens qu'il se déforme beaucoup plus facilement sans résister davantage à la rupture.

3° Les aciers auraient gagné à être trempés à une température plus élevée. La trempe intérieure ne saurait être admise en principe sans des expériences nombreuses et concluantes.

4° Dans un lingot de bronze, la résistance des couches métalliques perpendiculaires à l'axe diminue rapidement, à mesure qu'elles s'éloignent du pied du lingot. Pour qu'une bouche à feu en bronze soit dans les meilleures conditions possibles de résistance, il ne faut donc pas la couler la culasse en haut.

5° Le frettage a un double effet : il s'oppose à l'éclatement et diminue les déformations diamétrales.

6° Les épreuves des tubes ne sont comparatives qu'autant qu'elles sont faites avec la même poudre. La poudre lente déforme plus que la poudre ordinaire les parois d'un tube fermé aux deux bouts.

7° L'acier est préférable au cuivre pour la fabrication des grains de lumière. Il résiste mieux au passage des gaz ([1]).

Ces conclusions se trouveront, pour la plupart, confirmées par les épreuves de tir des canons dont il reste à rendre compte.

CHAPITRE III.

ÉPREUVES DE TIR DES CANONS DE 78^{mm},6.

Description des canons. — Avant d'entrer dans le récit des épreuves de tir que les trois canons de 78^{mm},6 ont subies au Creusot, on croit devoir rappeler les conditions essentielles de leur fabrication. Ces conditions se trouvent résumées dans le tableau suivant :

N^{os} des CANONS.	ORIGINE.	MODE de chargement du four.	NUMÉROS de la coulée.	PROPORTION de carbone indiquée par l'analyse chimique.	ESSAIS à la traction des barreaux pris à la culasse du canon trempé.		
					Limite d'élasticité.	Charge de rupture.	Allongement.
1, non fretté.	Four Martin-Siemens.	Spécial.	618	0.156	20^k,6	36^k,3	35$^0/_0$,6
2, non fretté.	Id.	Ordinaire	608	0.197	23 ,0	43	22 ,5
3, fretté....	Id.	Id.	612	0.155	22 ,5	39	,

([1]) Voir la note de la page 48.

Les canons n°s 1 et 3 sont d'une nuance de dureté à peu près égale ; mais le premier, provenant d'un chargement spécial du four Martin, est d'une qualité supérieure.

Le n° 2 est un peu plus carburé.

Ébauchés d'après les formes extérieures du canon de 80^{mm} de M. le colonel Maillard, les canons non frettés n°s 1 et 2 étaient déjà tournés et forés lorsqu'ils changèrent de destination. Le logement de la tête du tube était fait ; il ne restait à enlever, après la trempe, que 3^{mm} sur les rayons extérieurs ou intérieurs. L'âme avait donc un diamètre de 74^{mm}, et pouvait être facilement alésée au calibre de 78^{mm},6.

Épaisseur des parois des canons non frettés. — Quant au tonnerre, il était ébauché au diamètre de 221^{mm}, tandis que la dimension correspondante du canon Olry est de 232^{mm}. Il en résultait une diminution d'épaisseur des parois de la chambre, qui devait placer les deux canons dans des conditions d'infériorité relativement aux canons de 78^{mm},6 exactement conformes aux tables de construction. On passa outre néanmoins, en se réservant de ne pousser le tournage extérieur après la trempe qu'au point absolument nécessaire pour assurer la régularité et le poli des surfaces extérieures.

Le vide réservé pour le logement de la tête du tube ne permettant pas de donner à la vis-culasse les dimensions exactes du dessin, on dut faire un nouveau tracé sans changer les conditions essentielles du système. Les dimensions de la chambre, du cône de raccordement et de la tête mobile ne reçurent aucune modification ; le diamètre de la vis proprement dite fut seul augmenté.

Canon fretté. — Quant au canon fretté n° 3, qui ne fut usiné qu'à une époque ultérieure, il est entièrement conforme au tracé du canon Olry n° 6, sauf en ce qui concerne la frette porte-tourillons, à laquelle on a donné, comme à celles des deux autres canons, des dimensions en rapport avec les affûts de 12 de campagne sur lesquels le tir devait avoir lieu. Il y a donc entre les tracés des canons frettés et non frettés quelques différences dont une seule, celle des épaisseurs du métal au tonnerre, a une importance sérieuse. Cette différence est toute au désavantage des canons n°s 1 et 2.

Rayures. — On a dit que les formes intérieures étaient exactement celles des canons de 78^{mm},6. Il faut cependant mentionner la légère modification qu'a dû subir le pas des rayures. Le rayage a eu lieu sur le tour, et l'on a cherché à utiliser les engrenages existants sans établir un outillage nouveau.

Le flanc le plus incliné a pour pas 3^{m},250 au lieu de 3^{m},262.

Le flanc le moins incliné a pour pas 3^{m},380 au lieu de 3^{m},375.

Ces différences sont sans importance.

Programme des expériences. — Le programme des épreuves à faire subir aux deux canons non frettés, approuvé par le Ministre le 19 juillet, prescrivait :

1° D'employer des projectiles à culot plat, lestés au poids de 4^{k},500 ;

2° D'exécuter le tir aux charges de 800, 900, 1 000, 1 100 et 1 200 grammes ;

3° De tirer 500 coups par pièce avec chaque charge, les 300 premiers avec la poudre A$_1$, les 200 derniers avec la poudre ordinaire. Dès que l'une des deux poudres paraîtrait dégrader les pièces, on devait cesser de l'employer et continuer les expériences avec l'autre ;

4° De prendre des empreintes aussi souvent que cela serait nécessaire, et de vérifier l'état des pièces à l'étoile mobile, au moins après l'emploi de chaque charge et de chaque espèce de poudre.

Lorsque la construction du canon n° 3 eut été décidée, ce programme subit quelques modifications. On réduisit à 400, dont moitié avec chacune des deux poudres, le nombre des coups à tirer à chaque charge. Le total des coups par pièce était ainsi de 2 000, les autres conditions restant les mêmes.

Programme supplémentaire. — Enfin, pendant l'exécution des expériences, un programme supplémentaire fut établi dans la prévision du cas où les trois canons ne seraient pas hors de service après avoir satisfait aux épreuves primitivement indiquées.

Les épreuves à outrance comportaient un tir de 500 coups par pièce :

1° 250 : chambre pleine avec projectile plein de fonte ;

2° 250 : chambre pleine avec projectile plein de plomb.

La poudre employée pour ce tir devait être choisie d'après les résultats donnés par les épreuves précédentes et d'après l'appréciation qui en serait faite.

Dispositions prises pour l'installation du tir. — L'emplacement choisi pour l'installation de la batterie se trouve à l'extrémité Est de l'usine, dans une des excavations où se déversent chaque jour les scories des hauts-fourneaux et les crasses du puddlage.

La butte, composée de deux chambres à sable jointives, fortement charpentées et recouvertes de terre, est adossée à un talus de scories de 12 mètres de hauteur que surmonte encore un mur de clôture.

La batterie est couverte, à deux compartiments séparés par deux rangs de forts plateaux en bois. Le toit se prolonge de manière à former d'un côté un abri pour les servants pendant le tir, de l'autre un petit magasin servant de dépôt pour les obus et les charges destinés à la consommation de chaque jour.

Les pièces sont sur plates-formes à la prussienne, faites en forts plateaux de bois dur, et inclinées à un dixième afin de limiter le recul. La ligne de tir a la même inclinaison et la butte se trouve en contre-bas de 4 mètres, relativement à la batterie, et à 40 mètres de distance de la bouche des pièces.

Un magasin à poudre pouvant contenir 3 000 kil., une

salle d'artifices, un corps-de-garde et un bureau pour les officiers, complètent l'installation du petit polygone, pour l'aménagement et la commodité duquel rien n'a été négligé.

Exécution du tir. — Commencé le 6 octobre, le tir n'a été terminé que le 16 décembre. Retardé dès le début des expériences par le petit nombre des obus dont on disposait, et par la lenteur de l'emplombage que l'on a mis un certain temps à organiser d'une manière satisfaisante, il a été ensuite plusieurs fois interrompu par les nombreuses dégradations produites dans les fermetures de culasse et les grains de lumière pendant l'exécution du tir à fortes charges.

Effet brisant de la poudre ordinaire à la charge de 1 100 grammes. — Aucune difficulté sérieuse ne s'est présentée jusqu'au moment où l'on dut aborder la charge de 1 100 grammes de poudre ordinaire. Les effets brisants de cette poudre se firent alors sentir sur tous les organes de la fermeture de culasse. A force de temps et de persévérance, on parvint à tirer les 200 coups par pièce fixés par le programme ; mais on dut renoncer à tirer à 1 200 grammes de la même poudre. Le tir à la poudre A_1 s'est toujours, au contraire, effectué facilement, même à la charge de 1 350 grammes, chambre pleine.

En renonçant au tir à 1 200 grammes, poudre ordinaire, on avait épuisé le premier programme. Chaque canon avait tiré 1 800 coups. Avant de passer aux épreuves à outrance, dans le but de procéder progressivement, on fit subir à chaque pièce un tir de 100 coups à la charge de 1 300 grammes poudre A_1. Les bouches à feu commençaient à se fatiguer, les fermetures de culasse exigeaient de fréquentes réparations, on pouvait prévoir la fin des expériences dans un délai peu éloigné.

Tir à outrance. — Le tir à chambre pleine eut alors lieu, pour les canons n°s 1 et 2, avec des projectiles pleins de fonte et pleins de plomb ; mais on n'atteignit pas les nombres fixés par le programme. L'approvisionnement de poudre

A$_1$ était épuisé et ; dans l'état de dégradation où se trouvaient les fermetures, on ne jugea pas à propos de le re-
nouveler. On résolut, pour terminer les essais, de soumettre les canons jusqu'à rupture complète des appareils de
culasse, à un tir à fortes charges de poudre ordinaire.
Pour ce tir extrême, le projectile était plein de fonte et
pesait 5^k,480. Les obturateurs étaient renforcés.

Le canon n° 1 (50 coups à la charge de 1 100 grammes.
   tira ainsi { 17   id.   de 1 200 grammes.

            (25   id.   de 1 100 grammes.
Le canon n° 2) 20   id.   de 1 200 grammes.
   tira ainsi   2   id.   de 1 300 grammes.
           (1   id.   de 1 350 grammes.

Après ce tir, les deux fermetures étaient brisées ; on
avait mis hors de service plusieurs têtes mobiles et obturateurs. Quoique les canons ne pussent être considérés
comme ayant atteint la limite de leur résistance, on ne
crut pas devoir continuer les essais. On était fixé, en
effet, sur la résistance de l'acier, et les enseignements que
l'on pouvait attendre d'un tir plus longtemps prolongé
ne semblaient pas en rapport avec les difficultés et les
retards qu'il eût présentés.

Quant au canon n° 3, depuis un certain temps déjà il
était hors de service. L'acier s'était fendu intérieurement
en avant du logement du grain de lumière. Pendant les
50 premiers coups tirés à la charge de 1 350 grammes,
avec projectile plein de fonte, cette fente avait pris des
proportions considérables ; les frettes extrêmes s'étaient
séparées à la partie supérieure, et le canon s'était légèrement tordu. Les 50 coups suivants avaient achevé d'a-
grandir la fente qui traversait le tube intérieur tout entier.

Le tir à outrance ne pouvait se poursuivre, on voulut
néanmoins essayer de continuer la charge normale et l'on
tira en effet :

    50 coups à 900 grammes, poudre ordinaire,
    29 coups à 1 000 grammes, poudre ordinaire,

sans augmenter les détériorations existantes, mais l'expérience n'offrait plus d'intérêt.

Le canon n° 3 fut donc abandonné, sous cette réserve formelle que sa mise hors de service tenait à une circonstance qui ne peut infirmer la résistance du métal.

Le tableau ci-après résume le tir des trois canons qui ont subi à peu près les mêmes épreuves.

Résumé général du tir.

POIDS de la charge.	ESPÈCE de poudre.	PROJECTILES.		NOMBRE DES COUPS tirés par les canons		
		Poids.	Espèce.	N° 1.	N° 2.	N° 3.
grammes.		kil.				
800	A$_1$	4,500	Obus ordinaire.	200	200	200
800	Ordinaire.	id.	Id.	200	200	200
900	A$_1$	id.	Id.	200	200	200
900	Ordinaire.	id.	Id.	200	200	250
1,000	A$_1$	id.	Id.	200	200	200
1,000	Ordinaire.	id.	Id.	200	200	229
1,100	A$_1$	id.	Id.	200	200	200
1,100	Ordinaire.	id	Id.	200	200	200
1,100	Ordinaire.	5,480	Plein de fonte.	50	25	,
1,200	A$_1$	4,500	Ordinaire.	200	200	200
1,200	Ordinaire.	5,480	Plein de fonte.	17	20	,
1,300	A$_1$	4,500	Ordinaire.	100	100	100
1,300	Ordinaire	5,480	Plein de fonte.	,	2	,
1,350	A$_1$	5,480	Id.	120	154	100
1,350	A$_1$	6,380	Plein de plomb.	120	120	,
1,350	Ordinaire.	5,480	Plein de fonte.	,	1	,
				2207	2222	2079
					6508	

On va maintenant entrer dans le détail des expériences et indiquer les résultats obtenus en les partageant en six paragraphes qui auront pour titres :

1. — *Résistance du métal.*
2. — *Influence du frettage.*
3. — *Fermetures de culasse.*
4. — *Obturateurs.*
5. — *Grains de lumière.*
6. — *Effets comparés des deux poudres.*

§ 1. — RÉSISTANCE DU MÉTAL.

Signes de fatigue que donne l'acier doux. — Les trois canons ont bien résisté aux épreuves qui leur ont été imposées. L'acier doux, comme le bronze, mais plus tard que le bronze et dans une plus faible mesure, accuse sa fatigue par des signes extérieurs bien caractérisés. A des degrés divers, ces signes se font remarquer dans les trois canons. Ce sont :

1° Les agrandissements du diamètre intérieur ;

2° Les fissures fines et nombreuses qui se produisent dans la chambre et qui proviennent de l'écoulement des gaz autour du projectile ;

3° Les fentes ou fissures plus importantes provenant de soufflures ou autres défauts du métal, les matages dans la chambre ou dans les filets de la vis, matages qui ont atteint quelquefois un certain degré de gravité ;

4° Les marbrures et les agrandissements du diamètre extérieur.

Canon n° 1. — Les premières traces de déformation apparaissent dans le canon n° 1, après le tir de 200 coups à la charge de 1 kil. de poudre ordinaire. Le nombre total des coups tirés est alors de 1 200, et l'étoile mobile accuse une augmentation de diamètre de 1 à 2 dixièmes de millimètre. Après la série suivante (200 coups à 1 100 grammes, poudre A_1), la déformation atteint de 2 à 2 $^1/_2$ dixièmes. Elle est sensiblement la même dans tous les points de la chambre.

Après le tir à 1 100 grammes de poudre ordinaire, tir auquel ne peuvent résister les divers organes de la fermeture de culasse, le diamètre intérieur est sensiblement élargi. La déformation totale est de 4 à 5 dixièmes à l'origine de la chambre à poudre ; elle augmente insensiblement et atteint 11 dixièmes dans la chambre du projectile ; puis elle diminue rapidement et devient nulle après avoir dépassé de 10 centimètres environ l'origine des rayures.

Le canon est gonflé à l'extérieur ; le pied à coulisse

accuse, sur le tonnerre, une augmentation de diamètre de $0^{mm},25$.

Dans la chambre, et surtout à la partie supérieure, à l'emplacement de l'obus et à l'origine des rayures, se trouvent de nombreuses et fines fissures provenant de l'écoulement des gaz autour du projectile.

La marche des dégradations, quoique continue, devient très-lente à partir de ce moment. On peut suivre les agrandissements successifs du diamètre intérieur sur les tableaux où se trouvent réunis les résultats de toutes les vérifications faites avec l'étoile mobile dans la chambre.

Après un tir de 2140 coups, la déformation diamétrale dépasse 2 millimètres, et son maximum correspond toujours à l'emplacement qu'occupe la partie cylindrique du projectile; à partir de ce point elle décroît rapidement et s'étend peu au delà de la naissance des rayures. Le tonnerre est sillonné de marbrures analogues à celles que l'on a remarquées sur les tubes. Ces marbrures sont longitudinales au-dessus de la chambre à poudre et transversales en arrière des tourillons. Elles indiquent bien les efforts que le métal a eu à supporter. La frette porte-tourillons a glissé en avant de 4 à 5^{mm}, en coupant le métal qui s'opposait à son mouvement. Cinquante coups à la charge de 1100 grammes et 17 à la charge de 1200 grammes achèvent de mettre la fermeture hors de service. On est obligé de cesser le tir, quoique la pièce ne paraisse pas encore à la limite de sa résistance. Les dernières séries, en effet, n'ont pas augmenté les déformations intérieures. La vérification faite avec l'étoile mobile à la fin du tir indique même des diamètres moins forts que les précédents, résultat qui ne peut s'expliquer que par un défaut de réglage ou par une erreur dans le jeu de l'instrument.

Au bout d'un tir de 2207 coups, le canon n° 1 n'est donc pas hors de service. Son diamètre intérieur s'est accru de 2^{mm} au maximum et le gonflement extérieur est de $1^{mm},10$. Les fissures, qui s'étaient d'abord localisées dans la chambre du projectile, ont gagné la chambre à poudre, et sont devenues de plus en plus nombreuses et profondes, sans pour cela menacer l'existence de la bouche à feu.

Canon n° 2. — Le canon n° 2 s'est déformé plus tard que le n° 1, et ses déformations sont moins accentuées aux mêmes charges. On ne constate un agrandissement sensible dans le diamètre intérieur qu'après 1 600 coups ; les fissures apparaissent en même temps, et la marche de ces dégradations est assez lente pendant les séries suivantes. Les marbrures sont à peine visibles. A la fin du tir, l'agrandissement maximum du diamètre intérieur est de $1^{mm},2$; il correspond au point où le gonflement extérieur est le plus sensible. Les déformations de la chambre suivent, du reste, la même loi que dans le canon n° 1.

Différence entre l'acier des deux canons. — La différence est bien marquée entre les deux aciers, et le résultat du tir est tout à fait d'accord, soit avec ceux des essais à la traction, soit avec les épreuves des tubes. A résistance égale, on doit évidemment préférer le métal qui est le moins sujet à se déformer, et le canon n° 2 paraît répondre mieux que l'autre au type que l'on cherche à réaliser. Ce canon est peu détérioré, il pourrait certainement encore fournir une longue carrière.

Il faut cependant noter une circonstance qui tend à faire croire que, malgré ses excellentes qualités, le métal ne possède pas encore toute la dureté que l'on doit exiger d'un canon se chargeant par la culasse. Pendant le tir de 200 coups à la charge de 1 100 grammes (poudre ordinaire), la bague en cuivre qui garnissait la face antérieure de l'obturateur s'est incrustée dans la chambre ; il a fallu, par suite, prendre d'assez grandes précautions pour continuer le tir et pour empêcher la matière plastique de pénétrer dans la zone creuse qui était restée gravée dans l'âme. Avec un acier plus dur, cet accident se serait plus difficilement produit, mais un acier plus dur aurait-il aussi bien supporté le tir à outrance? Telle est la question que l'expérience seule peut résoudre d'une manière positive.

Canon n° 3. — On n'a que peu de mots à dire sur la résistance du métal, en ce qui concerne le canon n° 3. L'acier est presque aussi doux que celui du canon n° 1, mais il n'a pas la même qualité. On a vu, en effet, les tubes non frettés provenant de la même coulée, éclater à la charge de 1 kil., après avoir fait remarquer, dans la chambre, de longues et dangereuses fissures. Les mêmes défauts se laissent voir en différents points de la chambre du canon n° 3, défauts que n'ont point présentés les deux autres bouches à feu, et qui semblent indiquer un métal moins homogène. Le canon, néanmoins, n'a pas éclaté, et le grain de lumière seul a causé sa mise hors de service; mais il y a tout lieu de croire que la résistance dont il a fait preuve est due surtout au frettage.

Après un tir de 1 600 coups, il y a un renversement des filets de l'écrou qui reçoit la vis de culasse; les fissures dues à l'action des gaz qui entourent le projectile se font voir en même temps, il n'y a pas de déformation diamétrale. Celle-ci n'apparaît que beaucoup plus tard, après 1 900 coups, dont les 100 derniers sont tirés à la charge de 1 300 grammes de poudre A_1. Elle ne devient très-sensible qu'après une nouvelle série de 100 coups tirés à chambre pleine (1 350 grammes A_1) et projectile plein de fonte; l'agrandissement est alors au maximum de $1^{mm},5$. En s'allongeant, le canon s'est légèrement tordu, et les deux frettes extrêmes se sont séparées à la partie supérieure de 3 à 4^{mm}. La chambre déformée n'est pas ovoïde, comme dans les canons non frettés; son profil est irrégulier; au lieu de se trouver dans la chambre du projectile, l'augmentation diamétrale maximum correspond à peu près à la séparation des deux dernières frettes, exactement comme cela se passait dans les tubes.

Résumé. — En résumant les observations auxquelles a donné lieu l'étude comparative des aciers des trois canons, on peut dire que les n°s 1 et 3, tout en ayant parfaitement résisté aux épreuves du tir, sont un peu trop doux; l'un, parce qu'il a présenté trop tôt des déformations, peu importantes à la vérité, mais cependant incompatibles avec le mode de chargement par la culasse, qui exige un ajustage toujours parfait; l'autre, en raison du renversement des filets et des défauts qui, sans le frettage, eussent sans doute abrégé sa durée.

Le canon n° 2 est plus satisfaisant que les deux autres. — L'acier du canon n° 2 a donné des résultats beaucoup plus satisfaisants, et l'on n'hésiterait pas à dire qu'il répond pleinement aux exigences d'un bon service, si l'on n'était obligé de tenir compte de l'incrustation de la bague en cuivre de l'obturateur dans le métal de la chambre, incrustation qui suffirait en campagne pour mettre la pièce hors de service, et qui, sans doute, ne se serait pas produite avec un acier moins doux.

Il est vivement à regretter que les épreuves aient été limitées à 3 canons de nuances trop peu différentes. Il eût été du plus grand intérêt d'étendre les expériences à des aciers plus durs, analogues à celui de la coulée 938 qui a fourni des tubes dont les essais ont été si remarquables. Ce lingot, il est vrai, a donné un canon de 95^{mm} qui doit être éprouvé à Calais, mais il ne sera essayé qu'au point de vue balistique, et le fût-il au point de vue de la résistance du métal, ce ne serait plus dans des conditions permettant une comparaison exacte avec les canons de $78^{mm},6$, non frettés, qui ont été essayés au Creusot.

Avant de terminer ce qui se rapporte à la résistance du métal, il n'est pas sans intérêt de rappeler les idées qu'avait émises M. Schneider au début de la fabrication et de les rapprocher des résultats obtenus. La première des conditions à remplir pour obtenir de bons aciers à canons était, selon lui, la pureté des matières premières. Pour éviter les éclatements brusques, il voulait un métal doux, sachant par expérience que la régularité de la fabrication diminue à mesure que le degré de dureté augmente, et que les défauts, dont aucun acier n'est absolument exempt, sont d'autant plus dangereux que le métal est plus carburé. Mais il laissait à des essais réguliers et méthodiques le soin de fixer la nuance à laquelle on doit s'arrêter. Des épreuves de tir prolongées et comparatives devaient seules faire reconnaître le métal qui, tout en offrant une sécurité absolue au point de vue de l'éclatement, possède une limite d'élasticité suffisamment élevée pour n'être pas sujet aux déformations et aux matages qui ne peuvent s'accorder avec la délicate précision dont le chargement par la culasse fait une nécessité.

Malheureusement, deux pièces ne peuvent suffire pour compléter une étude de ce genre. Il en eût fallu deux autres encore, ayant l'une la dureté du lingot 938, l'autre de nuance intermédiaire entre le 608 et le 938. L'expérience est donc restée, à ce point de vue, incomplète.

Quoi qu'il en soit, l'acier a pleinement répondu à l'attente du maître de forges. Beaucoup plus résistant que le bronze, il a, comme lui, accusé sa fatigue par des signes caractéristiques. Avec un tel métal, les brusques éclatements ne sont pas à craindre. On peut se demander s'ils le seraient davantage avec un acier un peu moins doux.

On est tenté de croire, en effet, que le degré de carburation peut varier dans des limites relativement larges sans que la sécurité diminue, à la condition toutefois que l'acier soit parfaitement pur et sain. Dans cette hypothèse, le métal du canon n° 2 peut être considéré comme la limite inférieure de la dureté à admettre pour la fabrication des canons en acier, la limite supérieure ne pouvant être déterminée que par des expériences supplémentaires.

§ 2. — INFLUENCE DU FRETTAGE.

Le frettage diminue les déformations diamétrales. — Les conclusions que l'on a tirées des expériences faites avec les tubes frettés ont été confirmées par les épreuves auxquelles le canon n° 3 a été soumis. Quoique l'acier de ce canon fût très-doux, le diamètre de la chambre n'a commencé à s'agrandir qu'après un tir de 1 900 coups, tandis que des déformations de même importance se sont produites après 1 200 coups dans le canon n° 1 et après 1 600 dans le n° 2. L'acier de ce dernier canon étant sensiblement plus carburé, il faut bien admettre qu'une cause étrangère est venue modifier les résistances relatives des deux bouches à feu. Cette cause n'est autre que la présence des frettes.

Il s'oppose à l'éclatement. — D'un autre côté, en se reportant aux épreuves des tubes non frettés de la coulée 612, dont la résistance a été relativement faible, et en comparant les fissures que ces tubes présentaient avant de se rompre, aux déchirures que l'on a remarquées dans la chambre du canon n° 3, on est conduit à croire que ce canon n'aurait peut-être pas supporté les épreuves qui lui ont été imposées, s'il n'avait été fortifié et soutenu par les frettes.

Le frettage a donc pour effet d'empêcher l'éclatement, en même temps qu'il diminue les déformations diamétrales. A ce double titre, et malgré la complication qu'il introduit dans la fabrication, on doit l'admettre comme une nécessité, mais il faut aussi chercher à le pratiquer dans les meilleures conditions possibles et signaler ses inconvénients.

Il n'empêche pas l'allongement dans le sens longitudinal. — S'il réduit les déformations diamétrales, le frettage ne s'oppose pas à l'allongement de l'acier dans le sens longitudinal. Le tube fretté de la coulée 612 s'est allongé, en effet, de 11^{mm}, et le canon n° 3 s'est déformé dans le même sens d'une manière sensible. Cet allongement est dangereux à plus d'un titre. A la séparation des frettes, qui en est la conséquence, correspond dans le canon une zone annulaire de rupture dont le profil de la chambre des tubes frettés et du canon n° 3, après le tir, accuse clairement l'existence, et qui, n'étant plus soutenue, peut finir par céder sous l'action des gaz. En second lieu, par suite de l'action lente et constante de l'allongement du tube qui glisse dans la frette extrême, la tranche de culasse cesse d'être plane, et le système d'attache du volet, à cheval sur deux surfaces dont la position relative change insensiblement, finit par se disloquer.

Forme à donner aux frettes. — Ces inconvénients peuvent être atténués par la disposition, la forme et la longueur des frettes. La frette extrême doit, autant que possible, se prolonger au delà de la chambre, afin que le joint ne corresponde pas à un des points où le tube est le plus fatigué. On serait même tenté de conseiller l'essai d'une seule frette, allant de la culasse aux tourillons, analogue à la jaquette dont sont munis certains modèles de canons anglais; cette grande longueur de frette ne saurait se concilier avec le mode de fabrication qui a été décrit précédemment ([1]), et qui augmente beaucoup la résistance à l'éclatement.

Le frettage est un élément de sécurité dont on ne peut se passer. — Quoi qu'il en soit, le frettage est un élément de sécurité dont les dispositions seules peuvent être discutées. Quel que soit le degré de perfection auquel on est arrivé dans la fabrication de l'acier, on n'est pas encore assez sûr de la régularité des produits, et les conséquences des éclatements brusques sont trop redoutables pour que l'on puisse négliger le surcroît de garanties apporté par les frettes à la résistance d'un canon.

§ 3. — FERMETURES DE CULASSE.

Description des appareils de fermeture. — La fermeture de culasse des canons de $78^{mm},6$ est une vis à filets interrompus. Celle du canon n° 3 avait exactement les dimensions fixées par les tables de construction, tandis que les vis des canons n°ˢ 1 et 2 avaient un diamètre un peu plus grand; cette modification ne peut être considérée comme ayant une grande influence sur le plus ou moins de soli-

---

[1] *Revue d'artillerie*, juillet 1874, page 312.

dité du système; les filets ont plus de longueur, et, par suite, les surfaces en contact sont plus grandes; mais, d'un autre côté, le corps de la vis est peut-être plus disposé à se fendre, sous l'action du tir, à la partie postérieure.

Quelques difficultés se sont produites au début des expériences. Certaines parties du mécanisme avaient été ajustées d'une manière trop précise; on a dû leur donner du jeu et diminuer les frottements qui gênaient le mouvement de rotation de la vis dans son écrou. On a réduit au strict nécessaire la hauteur de la partie cylindrique qui, dans la tête mobile, sert de base au champignon, afin de diminuer autant que possible la surface en contact avec les parois de la chambre. Plus cette surface est grande en effet, et plus les crasses qui viennent s'y loger rendent difficile le mouvement de retrait de la vis-culasse. Dans le même but, on a modifié légèrement la forme du champignon.

Ces modifications faites, le tir n'a pas tardé à devenir régulier. Les fermetures fonctionnaient bien. Celles des canons n°s 1 et 2 pouvaient s'adapter indifféremment à l'une ou l'autre pièce, facilité dont on a usé jusqu'à la fin des expériences, et sans laquelle on se serait souvent trouvé dans la nécessité d'interrompre le tir.

Aucune difficulté sérieuse ne se présente donc jusqu'au moment où l'on aborde le tir à 1100 grammes de poudre ordinaire. Mais à peine quelques coups sont-ils tirés dans ces conditions que les accidents se multiplient et prennent une gravité exceptionnelle.

Tir du canon n° 1 à la charge de 1100 grammes (poudre ordinaire). — Au troisième coup, la tige de la tête mobile est brisée au collet. On la remplace, en adoucissant l'angle vif auquel on croit devoir attribuer la rupture. On reprend le tir; la manœuvre est pénible; au quatrième coup, elle devient impossible. Le mouvement de rotation de la vis dans l'écrou s'effectue bien; mais il faut frapper longtemps avec un levier engagé dans l'âme pour déterminer le mouvement longitudinal de la culasse. La tête mobile présente de singulières déformations. Il y a aplatissement du champignon, refoulement de la partie centrale, étranglement de la tige dont le diamètre a diminué de 1^{mm} sous la pression de l'obturateur.

Une troisième tête mobile, dont le champignon est renforcé de 10^{mm}, a le même sort au bout de 43 coups. L'obturateur fatigue énormément; au bout de quelques coups, la coupelle antérieure est rasée; l'étain, chassé entre la tige de la tête mobile et son logement, se lamine à l'épaisseur d'une feuille de papier et empêche le mouvement de rotation.

Une quatrième tête mobile en acier à outils très-dur, ayant une surépaisseur de 20^{mm}, subit les mêmes dégradations; sa tige s'étrangle de plus d'un millimètre au bout de 65 coups. A ce moment, l'obturateur est hors de service, il a tiré 108 coups. Le suivant ne peut servir qu'une seule fois; l'anneau brisé en cuivre qui protége la partie postérieure est refoulé entre la culasse et la paroi de la chambre. On ne peut ouvrir la culasse qu'en chauffant la pièce.

Tête mobile modifiée. — Canon de $78^{mm},6$. — $\left(\frac{3}{5}\right)$

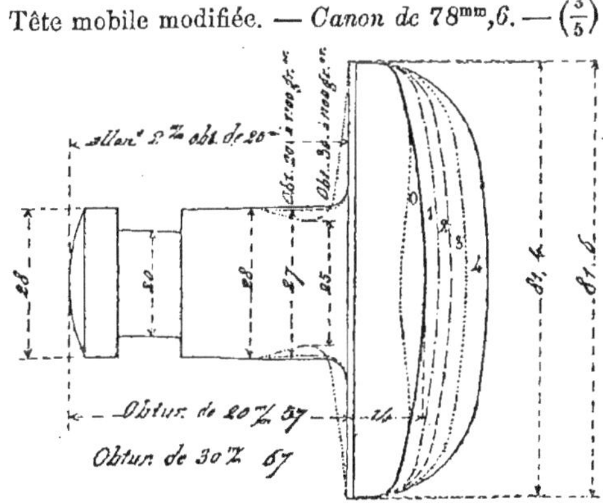

On met en place une dernière tête mobile, en acier à

outils trempé ; sa déformation n'est pas très-sensible après un tir de 84 coups. Mais l'agrandissement progressif du diamètre de la chambre entraîne celui de l'obturateur qui déborde sur la tête mobile; celui-ci s'emboutit dans l'étain, le rase, déchire la toile et la matière s'écoule rapidement.

On peut à l'aide de la figure ci-dessus se rendre compte des effets produits par le tir sur la tête mobile, et des formes qui lui ont été données. Le trait plein marqué 0 correspond à la forme primitive du champignon, le trait ponctué indique, en les exagérant, les déformations que l'on remarquait au bout d'un petit nombre de coups. Les épaisseurs successivement croissantes que l'on a essayé de donner au champignon pour éviter ces déformations, sont figurées en traits marqués 1, 2, 3, 4.

Canons n°s 2 et 3. — Les mêmes accidents se sont produits avec plus ou moins de gravité dans le tir à la même charge des canons n°s 2 et 3. On ne saurait retracer ici dans tous leurs détails les diverses circonstances de ces épreuves, auxquelles les vis-culasses elles-mêmes n'ont pu résister. Quoique l'obturateur servît de tampon et diminuât la violence des chocs auxquels se trouve soumis cet organe principal de la fermeture, l'acier se matait sous la pression des gaz; la face antérieure se creusant au centre, des fentes paraissaient à l'extrémité opposée, fentes qui ne tardaient pas à s'agrandir et qui entraînaient la mise hors de service du mécanisme. Les deux vis des canons n°s 1 et 2 ont été brisées de cette manière pendant le tir à la charge de 1 100 grammes (poudre ordinaire).

Ainsi, dans les trois pièces : rupture des tiges au collet ou à la naissance, écrasement et refoulement du champignon et de la tête mobile, étranglement de la tige; puis, dans les canons n°s 1 et 2, rupture des vis-culasses : telles sont les conséquences du tir à 1 100 grammes de poudre ordinaire. La fermeture des canons de $78^{mm},6$ peut donc être considérée comme incapable de résister à une semblable charge, tandis qu'elle supporte avec assez de facilité le tir à 1 200, 1 300 et même 1 350 grammes (chambre pleine) de poudre A_1.

On est cependant souvent obligé, pendant ce tir, de faire usage d'un levier en bois pour tourner la vis, et les têtes mobiles présentent aussi des traces d'étranglement. Mais dès que, ce tir terminé, on revient à la poudre ordinaire, les accidents reprennent toute leur gravité.

Les vis-culasses nouvellement construites ne sont pas conformes au tracé primitif; elles ont reçu une disposition analogue à celles du canon de 95^{mm}. Cette modification qui, cependant, augmente d'une manière incontestable la force de l'appareil, n'a pu l'empêcher de se déformer comme le précédent. Les fentes ont paru de même à la partie postérieure de la vis, tandis que les têtes mobiles et les obturateurs ne pouvaient supporter qu'un nombre de coups très-limité.

Diverses espèces d'acier, de dureté différente, trempés ou cémentés, ont été essayés. Nul n'a été exempt de la plus grave des dégradations précédemment signalées, l'étranglement de la tige.

Résumé des accidents qui se sont produits pendant le tir à 1 100 grammes de poudre ordinaire. — La lecture des détails qui précèdent peut donner une idée de la lenteur et de la difficulté d'un tir exécuté dans de semblables conditions. Tantôt l'anneau brisé de l'obturateur, s'encastrant entre la partie antérieure de la vis et les parois de la chambre, empêche de retirer la culasse; tantôt l'obturateur lui-même se vide en partie, devient mince, et permet à la tige de la tête mobile d'aller frapper le fond de son logement; tantôt, enfin, la poignée de manœuvre de la fermeture se brise et la vis elle-même se fend à la partie postérieure: il faut alors interrompre le tir, interruption qui se prolonge suivant la gravité de la dégradation.

De semblables expériences seraient d'une exécution bien difficile partout ailleurs que dans le voisinage d'un atelier de construction de premier ordre, où tout était mis en œuvre pour les mener à bonne fin le plus rapidement possible.

Jusqu'à la fin du tir, on a pu faire usage indifféremment de deux vis-culasses dans les canons n°s 1 et 2. Il ne faut cependant pas espérer qu'il en sera toujours ainsi, et peut-être serait-il prudent de ne pas compter sur cette interchangeabilité autrement que pour le tir normal, lorsqu'on ne craint aucun matage pour les filets.

Il est bon d'ajouter, avant de quitter ce sujet, que le métal dont on s'est servi pour construire les divers éléments de la fermeture, n'a pas été toujours bien choisi ; que l'acier des vis aurait pu être quelquefois moins doux et plus homogène. Mais il ne faut pas perdre de vue que ces épreuves n'étaient que des essais comportant nécessairement les tâtonnements et les déceptions inhérentes à toute étude nouvelle.

§ 4. — OBTURATEURS.

Les obturateurs fonctionnent parfaitement aux charges ordinaires. — Les obturateurs plastiques de M. le capitaine de Bange ont parfaitement fonctionné à toutes les charges de poudre A$_1$ et aux charges inférieures à 1100 grammes de poudre ordinaire. Leur durée dans les 3 pièces, au commencement du tir, a été de 1133, 1324 et 1190 coups. Mais ils n'ont pas résisté mieux que les autres éléments de la fermeture de culasse aux fortes charges de poudre ordinaire qui ont exercé sur tout le système une action si dissolvante.

Lorsque l'ajustage de la tête mobile est bien fait, l'obturateur ne court aucun danger de dégradation aux charges ordinaires ; dans le cas contraire, sa durée est limitée. Ainsi, l'alésage avait donné, à la chambre du canon n° 3, six dixièmes de millimètre de plus que le diamètre fixé par les tables, tandis que la tête mobile était régulièrement conforme au dessin ; au bout de 2 ou 3 coups, l'obturateur, ayant épousé la forme de la chambre, a débordé tout autour sur la tête mobile qui n'a pas tardé à s'emboutir dans la coupelle antérieure, dont les bords se sont rapidement déchirés. Une autre tête mobile, du diamètre exact de la chambre, ayant été substituée à la première, l'inconvénient qui menaçait l'obturateur a cessé de se produire ; mais il reparut fréquemment à la fin du tir, lorsque la chambre eut pris des déformations sensibles et irrégulières. Dès que le diamètre de l'obturateur devient plus grand que celui de la tête mobile, la coupelle antérieure s'arrache, la toile se déchire et la matière plastique s'écoule. Pour éviter cet inconvénient, on a cherché à protéger la partie antérieure par un anneau brisé en cuivre, semblable à celui qui garnit le bord de la coupelle postérieure ; mais l'anneau, n'empêchant pas le passage des gaz, se dégrade rapidement et ne garantit pas suffisamment la coupelle d'étain.

Tir à la charge de 1100 grammes de poudre ordinaire. — Le tableau qui suit résume les services rendus par les divers obturateurs dont on a fait usage ; on n'a qu'à suivre la ligne horizontale qui correspond au tir à 1100 grammes de poudre ordinaire, pour apprécier les effets destructeurs exercés par cette charge. Lorsqu'après avoir épuisé l'approvisionnement de poudre A_1, on revint à la poudre ordinaire, on chercha à atténuer son action brisante en augmentant l'épaisseur de l'obturateur.

Obturateurs renforcés. — Quelques obturateurs de 25 et de 30^{mm} furent, à cet effet, envoyés au Creusot par l'atelier de précision, mais les épreuves étaient sur le point de finir, et l'essai ne peut être considéré comme suffisamment complet. Il semble, néanmoins, que l'épaisseur de 30^{mm} est exagérée, et que l'obturateur de 25^{mm} doit, dans le tir à fortes charges, être préféré à celui de 20^{mm}. En résumé, dans les conditions du tir ordinaire, et même à fortes charges de poudre A_1, l'obturateur à coupelles métalliques de M. le capitaine de Bange remplit parfaitement son but et peut avoir une durée pour ainsi dire indéfinie.

POIDS de la charge.	ESPÈCE de poudre.	PROJECTILES. Poids.	PROJECTILES. Espèce.	1	2	3 (en cuir.)	4	5	6	7	8	9	10	11	12	13	14	15	16	17	18	19	20	21	22	23 (25mm)	24 (30mm)	25 (30mm)
grammes.		kil.																										
800	A₁	4.500	Ordinaire.	200	200	»	110	90	»	»	»	»	»	»	»	»	»	»	»	»	»	»	»	»	»	»	»	»
800	Ordinaire.	id.	id.	33	210	157	»	200	»	»	»	»	»	»	»	»	»	»	»	»	»	»	»	»	»	»	»	»
900	A₁	id.	id.	200	200	»	»	200	»	»	»	»	»	»	»	»	»	»	»	»	»	»	»	»	»	»	»	»
900	Ordinaire.	id.	id.	200	113	»	»	200	87	»	»	»	»	»	»	»	»	»	50	»	»	»	»	»	»	»	»	»
1,000	A₁	id.	id.	200	200	»	»	200	»	»	»	»	»	»	»	»	»	»	26	3	»	»	»	»	»	»	»	»
1,000	Ordinaire.	id.	id.	200	200	»	»	200	»	»	»	»	»	»	»	»	»	»	»	»	»	»	»	»	»	»	»	»
1,100	A₁	id.	id.	100	200	»	100	100	100	»	»	»	»	»	»	»	»	»	»	»	»	»	»	»	»	»	»	»
1,100	Ordinaire.	id.	id.	»	1	»	49	»	35	108	1	72	12	»	14	147	7	67	14	»	»	14	59	»	»	»	»	»
1,100	Ordinaire.	5.480	Plein de fonte.	»	»	»	»	»	»	»	»	»	»	»	»	»	»	»	»	»	»	»	»	»	»	50	18	12
1,200	A₁	4.500	Ordinaire.	»	»	»	200	»	200	»	»	»	»	200	»	»	»	»	»	»	»	»	»	»	»	»	»	»
1,200	Ordinaire.	5.480	Plein de fonte.	»	»	»	»	»	»	»	»	»	»	»	»	»	»	»	»	»	»	»	»	»	»	17	»	20
1,300	A₁	4.500	Ordinaire.	»	»	»	»	»	»	»	»	»	»	»	»	»	»	»	100	»	100	»	100	»	»	»	»	»
1,300	Ordinaire.	5.480	Plein de fonte.	»	»	»	»	»	»	»	»	»	»	»	»	»	»	»	»	»	»	»	»	»	»	»	»	2
1,350	A₁	5.480	id.	»	»	»	»	»	»	»	»	»	»	»	»	»	»	»	100	»	120	»	8	117	»	»	»	»
1,350	A₁	6.380	Plein de plomb.	»	»	»	»	»	»	»	»	»	»	»	»	»	»	»	»	»	59	»	»	181	34	»	»	»
1,350	Ordinaire.	5.480	Plein de fonte.	»	»	»	»	»	»	»	»	»	»	»	»	»	»	»	»	»	»	»	»	»	»	»	»	1
Totaux.........				1133	1924	157	459	1190	422	108	1	72	12	200	14	147	7	67	290	3	279	14	162	298	34	67	13	35

§ 5. — GRAINS DE LUMIÈRE.

Inconvénients des grains de lumière en cuivre. — Conformément aux tables de construction, les trois pièces avaient reçu des grains de lumière en cuivre rouge. Dès le début du tir, les gaz ont pénétré entre le téton et son logement. Leur effet se faisant sentir surtout latéralement, le grain s'ovalise et devient bientôt assez saillant pour gêner le chargement. On le burine alors, mais sans pouvoir combler les vides latéraux dont l'agrandissement progressif ouvre un champ de plus en plus vaste aux gaz qui tendent à la fois, en y pénétrant, à écraser le cuivre et à écarter les parois du logement du grain. Dans un métal aussi délicat que l'acier, fût-il plus doux encore, ces efforts continuellement répétés ne s'exercent pas impuné-

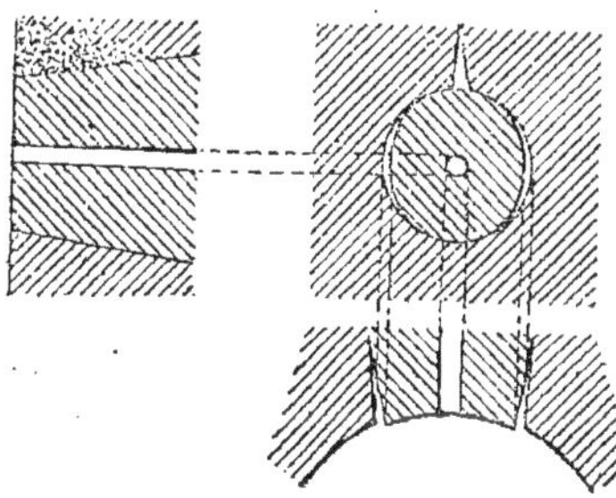

ment. Aussi des fentes se sont-elles déclarées sur la génératrice de la chambre, dans les 3 pièces, après un tir de 1200 à 1400 coups, fentes situées en avant du grain de lumière du côté de la volée.

Après un tir de 1600 coups, le grain de lumière a été changé dans les 3 canons, et l'on a pu se rendre compte de la gravité des dégradations qu'il cachait en partie.

Fentes produites dans les trois canons en avant du logement du grain de lumière. — On constata l'existence de déchirures ayant 10 à 12^{mm} de longueur et autant de hauteur. Ces fentes pouvaient avoir les conséquences les plus graves et mettre fin, par la rupture prématurée des pièces, à des expériences qui seraient restées incomplètes, puisque ces dégradations ne pouvaient être attribuées au métal lui-même. Aussi a-t-on cherché à conjurer le danger en rapportant dans l'intérieur du canon une fausse pièce en acier, dans laquelle venait se visser l'extrémité d'un nouveau grain de lumière également en acier. Cette modification, qui a été appliquée aux canons n°s 1 et 2, faisait disparaître entièrement les fentes, non toutefois sans affaiblir le canon. Elle a réussi au delà de toute espérance, car les deux pièces ont, malgré l'élargissement du grain, parfaitement supporté le tir à outrance. Les gaz ont néanmoins encore pénétré entre la fausse pièce et son logement, mais l'acier ne s'est pas laissé écraser comme le cuivre. La fente n'a pas reparu dans le canon n° 1, dont on a changé une seconde fois le grain après 2 140 coups, pour agrandissement du canal. On la retrouve dans le n° 2, après le tir à chambre pleine et projectile plein de plomb ; elle paraît sans gravité et peut-être ne se montre-t-elle que parce qu'il en était resté trace au moment où l'on a placé la fausse pièce et le second grain.

Mise hors de service du canon n° 3. — Quant au canon n° 3, en raison du frettage, on n'avait pas cru nécessaire de lui faire subir la même modification qu'aux deux autres. Le grain hors de service avait été simplement remplacé par un autre également en cuivre. La frette, pensait-on, soutient si bien le métal qu'il n'y a aucun danger d'éclatement, même en présence d'un principe de rupture. Cependant la fente n'a pas tardé à prendre des proportions de plus en plus considérables. Après un tir de 2 000 coups, elle a 3 à 4 centimètres de longueur, et la gutta-percha ne peut pénétrer jusqu'au fond. Le métal est déchiré sur toute l'épaisseur du tube intérieur. Des buées de gaz passent entre les frettes extrêmes, et laissent des traces à la partie supérieure, ainsi qu'autour du joint de la tranche de culasse. Le grain de lumière est étiré et fait saillie de 1^{mm} en dehors de la pièce. Les deux dernières frettes sont séparées de 3 à 4^{mm} à la partie supérieure ; elles se touchent encore à la partie diamétralement opposée. Il y a eu torsion du tube. Dans cet état, le canon peut être considéré comme hors de service. Pendant le tir de 79 coups aux charges de 900 et de 1 000 grammes de poudre ordinaire, que l'on exécute ensuite, les gaz passent de plus en plus dans la large voie qui leur est ouverte et, quoique l'éclatement ne soit pas à craindre, il n'y a plus rien à conclure de la continuation des épreuves.

Le logement du grain de lumière est une cause d'affaiblissement pour le métal. — En résumé, les trois canons ont présenté, en avant du logement du grain de lumière, des fentes que l'on a pu enrayer dans les n⁰ˢ 1 et 2, mais qui ont amené la mise hors de service du n° 3. Ces fentes ne peuvent être attribuées qu'à la présence du grain de lumière, et surtout au métal dont il était formé. Moins malléable que le cuivre, l'acier n'aurait pas subi cet écrasement latéral, cause première de la déchirure dans les trois bouches à feu. Le grain de lumière en cuivre, qui se justifie si bien dans un canon de bronze, n'a plus de raison d'être dans une pièce en acier qu'il ne fait qu'affaiblir. Mieux vaudrait percer le canal de lumière dans le métal même de la bouche à feu et ne mettre un grain que lorsque ce canal serait trop agrandi par le tir. Ce grain ne serait plus en cuivre, mais en acier, car les épreuves faites avec les tubes nous ont clairement fait voir (¹) que le second métal est moins sujet que le premier à se déformer sous l'influence d'un courant de gaz enflammé.

Nécessité de supprimer le grain de lumière dans les canons en acier. — Quel que soit le métal dont il est formé, le grain de lumière est donc un danger pour les canons en acier. On en trouve la preuve dans les déchirures qu'ont présentées les 3 bouches à feu ; on la trouve encore dans l'examen des marbrures du canon n° 1. Toutes celles de ces lignes qui se trouvent à la partie supérieure du canon convergent, en effet, vers le logement du grain de lumière. La suppression complète du grain est donc la solution qui répond le mieux au besoin d'homogénéité de résistance du métal en tous les points de la chambre.

____

(¹) Page 42.

L'acier est assez délicat par lui-même, et les défauts qu'il tient de sa nature sont assez nombreux pour qu'on doive chercher soigneusement à éviter tout ce qui peut l'affaiblir. A ne considérer que la résistance du canon, la disposition qui place le canal de lumière dans la vis-culasse est excellente.

§ 6. — EFFETS COMPARÉS DES DEUX POUDRES.

La poudre ordinaire fatigue les divers éléments de la fermeture de culasse beaucoup plus que la poudre A_1. — Après tout ce qui a été dit dans les paragraphes précédents, il est inutile d'insister longuement sur la comparaison des deux poudres qui ont été employées pendant le cours des expériences. Jusqu'à la charge de 1100 grammes, leurs effets n'ont guère différé qu'en ce que la poudre A_1 encrassait beaucoup moins que la poudre ordinaire. A 1100 grammes, la différence s'accuse de la manière la plus sensible, sinon sur la bouche elle-même, du moins sur la fermeture de culasse. La poudre lente, en effet, peut être tirée dans le canon de $78^{mm},6$, sans trop de difficulté, aux charges de 1300 et même de 1350 grammes (chambre pleine et projectile plein de plomb). Chacun des canons n°s 1 et 2 a tiré 120 coups de suite en une seule séance, dans ces conditions. La poudre ordinaire, au contraire, agit comme un coup de marteau sur tous les organes de la fermeture de culasse, et les met successivement et rapidement hors de service. Quant aux effets produits sur les bouches à feu elles-mêmes, il ne semble pas qu'ils soient fort différents; mais, pour rendre la comparaison complète, il eût fallu pouvoir tirer la poudre ordinaire aux charges de 1300 et 1350 grammes.

De toutes les observations rapportées précédemment, on peut conclure que la poudre ordinaire fatigue, sinon la bouche à feu, du moins les divers éléments de la fermeture de culasse, beaucoup plus que la poudre A_1, tandis que l'inverse a lieu dans un tube fermé aux deux bouts.

Relation qui existe entre les divers genres d'épreuves auxquelles l'acier a été soumis. — Ainsi que le démontre le tableau ci-dessous, dans lequel on a rapproché toutes les expériences de divers genres faites sur les aciers des coulées 608 et 618, les épreuves des canons n'ont fait que confirmer les indications données, soit par les essais à la traction, soit par le tir des tubes.

Nos de la coulée. (1)	ANALYSE chimique (carbone).	ESSAIS A LA TRACTION (barreaux pris sur le canon trempé).		TUBES		CANONS	
		Limite d'élasticité.	Charge de rupture.	Limite d'élasticité (charge de poudre).	Charge de rupture.	Limite d'élasticité (nombre de coups tirés).	Charge de rupture.
608	0,197	kilogr. 23	kilogr. 43	grammes. 800	grammes. »	grammes. 1600	»
618	0,156	20,6	36,3	700	1100 à 1200	1200	»

(1) On n'a pas compris dans ce tableau l'acier de la coulée 612, car le frettage qui a modifié sa résistance, ne permet pas de le comparer avec les canons nos 1 et 2 dans des conditions absolument identiques.

De même qu'il a perdu plus vite sa limite d'élasticité sous forme de barreau, l'acier extra-doux s'est déformé à des charges plus faibles dans les tubes, et après un nombre de coups moins considérable dans les canons.

Il y a donc entre ces trois genres d'épreuves de l'acier une relation difficile à déterminer exactement, mais qu'il serait intéressant de connaître, le tube pouvant, dans ce cas, servir à contrôler les résultats des essais à la traction, et permettre de faire, sans trop grands frais, des expériences décisives sur tel ou tel acier.

Cette relation, encore obscure, et qui ne peut être définie que par des expériences suffisamment prolongées, n'existe qu'autant que les conditions des essais restent les mêmes ; il ne faut pas s'attendre à la retrouver si les poudres dont on fait usage dans le tube et le canon ne sont pas les mêmes, et on la verra varier sensiblement avec le degré de la trempe. Elle peut, néanmoins, devenir un puissant moyen d'investigation dont il ne faut pas négliger l'étude.

VÉRIFICATION DES CANONS A L'ÉTOILE MOBILE.

La vérification des trois canons a eu lieu à l'étoile mobile, conformément aux prescriptions du programme, après chaque série de 200 coups afférents à une seule charge de la même poudre. Ces vérifications ont été faites plus souvent dans la chambre, à mesure que les conditions du tir devenaient plus dures, et que l'on s'attendait à trouver les déformations plus importantes.

Les diamètres verticaux et horizontaux ont été mesurés dans la chambre de centimètre en centimètre. La vérification a eu lieu également dans l'âme sur deux diamètres perpendiculaires l'un à l'autre pour les cloisons, et de même pour les rayures, mais seulement de décimètre en décimètre.

Les résultats de ces vérifications sont contenus dans les tableaux suivants. Les anomalies qui s'y font remarquer tiennent, pour la plupart, au réglage irrégulier de l'instrument ou à des erreurs de lecture ; l'appréciation de demi-centièmes de millimètre ne peut être bien rigoureuse. On a souvent répété deux fois l'opération pour en contrôler l'exactitude, mais on a scrupuleusement respecté les chiffres obtenus. Le point de départ de la vérification est du côté de la culasse.

(*On n'a reproduit ici que les résultats obtenus de 2 en 2 centimètres dans la vérification des diamètres de la chambre, et, pour les diamètres de l'âme, on n'a donné que ceux qui se rapportent aux 5 premiers décimètres, les déformations de l'âme dans le reste de la longueur étant complétement insignifiantes.*)

Canon n° 1, non fretté. — Coulée n° 613.

Vérification des diamètres de la chambre. D = 82mm,20.

(cm)	1. Avant le tir		2. Après 200 coups		3. Après 400 coups		4. Après 600 coups		5. Après 800 coups		6. Après 1000 coups		7. Après 1200 coups		8. Après 1400 coups	
	V	H	V	H	V	H	V	H	V	H	V	H	V	H	V	H
0	+200	+200	+275	+275	+250	+250	+300	+250	+275	+250	+325	+275	+375	+350	+425	+350
2	200	200	250	225	225	200	250	225	225	200	275	250	375	300	400	325
4	200	200	250	225	000	200	-300	200	-500	200	-300	250	-500	300	050	325
6	200	200	250	225	225	200	+225	200	+225	175	+275	250	+350	300	375	325
8	200	200	250	225	200	200	225	200	225	175	275	250	350	300	400	325
10	200	200	225	225	200	200	225	200	200	175	250	250	350	300	400	325
12	200	200	225	225	200	200	200	200	175	175	250	250	350	300	400	350
14	200	200	225	225	200	200	200	200	175	175	250	250	350	300	375	350
16	150	150	225	225	200	200	200	225	175	175	250	250	350	325	400	350
18	150	150	225	225	200	200	200	225	175	175	250	250	350	325	400	375
20	150	150	225	225	200	200	200	200	200	200	250	250	325	325	400	375
22	150	150	225	225	200	200	225	225	200	200	250	250	325	325	400	375
24	150	150	225	225	225	200	225	225	200	200	250	250	300	325	400	375
26	150	150	225	225	225	200	225	200	200	200	250	250	275	300	350	350
28	150	100	200	200	225	200	250	225	200	175	250	225	250	275	350	300
30	100	100	200	200	200	200	200	175	175	175	225	200	250	225	300	275
32	100	100	150	150	150	150	100	150	075	100	150	125	175	200	225	200

(cm)	9. Après 1600 coups		10. Après 1800 coups		11. Après 1900 coups		12. Après 2020 coups		13. Après 2140 coups		14. Après 2207 coups	
	V	H	V	H	V	H	V	H	V	H	V	H
0	+850	+650	+900	+675	+1,200	+825	+1,400	+1,075	+1,400	+1,025	+1,600	+1,175
2	675	600	750	600	1,000	875	1,850	1,175	1,400	1,100	1,350	1,150
4	850	575	525	600	500	925	1,000	1,300	±	1,225	1,375	1,250
6	525	575	575	600	1,025	1,000	1,450	1,420	1,700	1,330	1,850	1,375
8	825	600	675	625	1,275	1,075	1,800	1,530	1,800	1,500	1,750	1,500
10	600	600	700	625	1,375	1,100	1,950	1,700	2,000	1,650	1,850	1,650
12	625	600	700	625	1,425	1,200	2,075	1,800	2,100	1,775	1,925	1,775
14	650	625	700	675	1,450	1,250	2,175	1,900	2,175	1,850	1,950	1,850
16	675	675	700	725	1,500	1,275	2,225	1,975	2,200	1,950	2,050	1,925
18	750	700	750	775	1,525	1,325	2,300	2,025	2,250	2,000	2,075	1,975
20	825	800	800	825	1,550	1,350	2,325	2,075	2,300	2,025	2,100	2,025
22	950	875	900	900	1,575	1,375	2,300	2,100	2,350	2,025	2,150	2,050
24	1,050	675	1,000	1,000	1,575	1,375	2,300	2,100	2,350	2,000	2,150	2,050
26	1,175	1,025	1,150	1,050	1,600	1,375	2,275	2,025	2,300	1,950	2,125	2,000
28	1,300	1,075	1,275	1,100	1,600	1,325	2,230	1,900	2,250	1,825	2,100	1,875
30	1,075	925	1,000	900	1,200	1,075	1,800	1,675	1,825	1,600	1,750	1,000
32	700	700	725	700	900	825	400	1,350	1,425	1,425	1,350	1,300

Observations. — Les diamètres soulignés dans les colonnes V correspondent au grain de lumière. — 7e visite. Premières traces sensibles de déformation. — 9e visite. Diamètre extérieur : 220.10, correspondant au maximum de déformation intérieure. On change le grain de lumière. Fissures dans la chambre du projectile. — 13e visite. Apparition des marbrures. Diamètre extérieur : maximum 220.700. — 14e visite. On a changé le grain de lumière. Les diamètres sont sensiblement plus faibles qu'aux visites précédentes, sans qu'on puisse expliquer cette anomalie.

Canon n° 1, non fretté. — Coulée n° 618. — Vérification des diamètres de l'âme mesurés sur les cloisons. D = 78mm,6.

	1 Avant le tir		2 Après 200 coups		3 Après 400 coups		4 Après 600 coups		5 Après 800 coups		6 Après 1000 coups	
N°s des cloisons	1-2, 7-8	4-5, 10-11	1-2, 7-8	4-5, 10-11	1-2, 7-8	4-5, 10-11	1-2, 7-8	4-5, 10-11	1-2, 7-8	4-5, 10-11	1-2, 7-8	4-5, 10-11
0	+050	+025	+050	+050	+050	+050	+075	+050	+075	+050	+075	+025
10	000	025	025	050	025	050	050	050	000	025	025	000
20	000	025	025	050	025	030	000	025	000	025	000	025
30	000	025	025	050	025	050	010	025	000	025	000	000
40	000	000	025	050	025	025	000	025	000	025	000	000
50	000	000	025	050	025	025	030	025	−025	−250	030	−325

	7 Après 1200 coups		8 Après 1400 coups		9 Après 1600 coups		10 Après 1800 coups		11 Après 2140 coups		12 Après 2207 coups	
N°s des cloisons	1-2, 7-8	4-5, 10-11	1-2, 7-8	4-5, 10-11	1-2, 7-8	4-5, 10-11	1-2, 7-8	4-5, 10-11	1-2, 7-8	4-5, 10-11	1-2, 7-8	4-5, 10-11
0	+075	+225	+100	+075	+250	+200	+225	+200	+600	+450	+550	+500
10	000	025	000	050	025	025	000	050	000	050	050	025
20	000	025	000	025	000	000	000	000	000	000	025	025
30	025	025	025	025	000	000	000	000	000	000	025	025
40	025	025	025	025	000	000	000	000	000	000	025	025
50	025	−300	025	−300	000	−250	000	−200	000	−175	000	−150

Canon n° 1 non fretté. — Coulée n° 618. — Vérification des diamètres de l'âme mesurés au fond des rayures. D = 81mm.

Numéros des rayures	1		2		3		4		5		6	
	1 et 7	4 et 10	1 et 7	4 et 10	1 et 7	4 et 10	1 et 7	4 et 10	1 et 7	4 et 10	1 et 7	4 et 10
0	−200	−200	−275	−150	−200	−150	−250	−275	−150	−200	−175	−225
10	200	200	150	150	100	150	230	200	075	100	100	150
20	200	200	150	150	100	100	125	175	075	100	100	150
30	200	200	150	150	100	100	125	125	075	050	100	125
40	200	200	150	150	100	100	150	125	075	050	100	100
50	200	200	150	150	100	100	150	100	100	050	100	100

Numéros des rayures	7		8		9		10		11		12	
	1 et 7	4 et 10	1 et 7	4 et 10	1 et 7	4 et 10	1 et 7	4 et 10	1 et 7	4 et 10	1 et 7	4 et 10
0	−150	−200	−175	−225	−125	−150	−075	−175	+225	+200	+250	+225
10	050	150	075	150	125	175	125	200	−100	−150	−075	−175
20	050	125	075	150	100	125	125	175	100	150	100	150
30	075	075	100	100	125	125	125	150	125	125	100	125
40	075	050	100	075	125	125	125	150	150	125	100	125
50	100	050	100	050	125	100	150	150	150	100	075	125

Observations. — Les irrégularités des indications données par l'étoile viennent en partie de l'emplombagement des déformations continues bien marquées à l'origine des rayures. Les diamètres sont agrandis logement du projectile. — Il n'y a pas de changement appréciable dans l'âme, un à deux dixièmes au — 6e visite. Arrachement dans une cloison venant d'une rupture dans l'âme. — Les dernières visites signalent sensiblement; cette déformation diminue peu à peu et s'annule à 10 ou 12 centimètres en avant du plus d'augmentation provenant de l'usure du métal plutôt que de sa déformation.

Canon n° 2, non fretté. — Coulée n° 608. — Vérification des diamètres de la chambre. D = 88mm,20.

	1 Avant le tir		2 Après 200 coups		3 Après 400 coups		4 Après 600 coups		5 Après 800 coups		6 Après 1000 coups		7 Après 1200 coups		8 Après 1400 coups	
	V.	H.	V.	H.	V.	H.	V.	H.	V.	H.	V.	H.	V.	H.	V.	H.
0	+100	+100	+060	+050	+150	+100	−125	+075	+100	+100	+100	+100	+125	+125	+100	+075
2	100	050	075	050	100	100	075	075	075	075	100	050	100	075	100	050
4	150	050	150	050	200	100	−100	075	−225	075	100	050	100	075	225	050
6	150	050	100	050	−150	100	+150	075	+150	075	100	050	150	075	125	050
8	100	050	075	050	100	100	075	075	075	075	075	050	075	075	075	050
10	050	050	025	050	100	100	075	075	050	075	050	050	050	075	050	050
12	050	050	025	060	100	050	075	080	050	075	050	050	050	075	050	050
14	050	050	025	050	100	050	075	075	050	075	050	050	050	075	050	050
16	050	050	025	050	100	075	075	075	050	050	050	075	050	050	050	050
18	075	075	025	050	100	075	075	075	050	075	050	075	050	075	050	075
20	075	075	050	050	100	100	075	075	075	075	075	100	075	075	075	075
22	075	075	050	050	100	100	075	050	075	075	075	100	075	075	075	075
24	050	050	050	050	100	100	075	050	075	100	050	025	050	050	075	050
26	050	050	050	050	100	100	075	050	075	075	050	050	075	050	075	050
28	050	050	050	050	100	100	075	075	075	075	050	025	075	075	100	075
30	050	050	050	050	100	100	075	075	075	075	075	025	075	075	100	100
32	075	075	050	075	100	100	075	075	100	100	075	050	075	100	100	100

	9 Après 1600 coups		10 Après 1800 coups		11 Après 1900 coups		12 Après 2020 coups		13 Après 2174 coups		14 Après 2222 coups	
	V.	H.	V.	H.	V.	H.	V.	H.	V.	H.	V.	H.
0	+325	+225	+950	+700	+775	+625	+1000	+900	+1050	+850	+1150	+950
2	350	200	650	475	525	425	850	800	925	800	925	800
4	400	300	675	425	650	435	1050	875	1025	850	1000	850
6	300	200	600	400	450	425	850	900	850	900	1250	900
8	450	225	450	350	425	425	950	950	1075	950	1000	925
10	275	250	400	350	425	450	1000	1000	1075	950	1000	950
12	250	250	400	350	425	450	1000	1000	1050	1000	1000	975
14	250	250	600	350	425	425	1025	1000	1025	1000	1000	1050
16	250	275	400	375	425	450	1050	1025	1075	1025	1000	1000
18	275	275	475	425	475	500	1075	1075	1125	1050	1050	1050
20	275	300	600	525	575	625	1150	1125	1200	1100	1100	1100
22	300	300	700	625	625	625	1175	1150	1250	1125	1125	1125
24	300	275	800	725	700	625	1225	1150	1200	1100	1175	1075
26	275	275	900	825	975	725	1275	1150	1250	1125	1225	1125
28	300	275	1000	900	1075	900	1275	1225	1300	1250	1275	1225
30	275	275	775	800	875	675	1100	1075	1150	1025	1125	1025
32	250	250	625	600	675	525	975	1000	1000	900	1025	900

Observations. — Les diamètres soulignés dans les colonnes V correspondent au grain de lumière. — 7e visite. On change le grain de lumière. Fissures comme dans le canon n° 1. — 10e visite. Traces très-faibles à la chambre. On est obligé de réduire la longueur de la vis-culasse à cause de cette dégradation. L'augmentation visite. Le grain de lumière qui faisait saillie à l'intérieur a été buriné. — 9e visite. Premières traces de déformation de martelures. La bague de cuivre qui protège la partie intérieure de l'obturateur s'est encastrée dans la du diamètre extérieur est à peine sensible à la fin du tir.

Canon n° 2 non fretté. — Coulée n° 608.
Vérification des diamètres de l'âme mesurés sur les cloisons. D = 78mm,8.

	1 Avant le tir. N°s des cloisons.		2 Après 200 coups. N°s des cloisons.		3 Après 400 coups. N°s des cloisons.		4 Après 600 coups. N°s des cloisons.		5 Après 800 coups. N°s des cloisons.		6 Après 1000 coups. N°s des cloisons.	
	3-4,9-10.	6-7,12-1.	3-4,9-10.	6-7,12-1.	3-4,9-10.	6-7,12-1.	3-4,9-10.	6-7,12-1.	3-4,9-10.	6-7,12-1.	3-4,9-10.	6-7,12-1.
0	−100	−150	−050	−050	−100	−050	000	000	+050	000	000	+075
10	000	075	050	050	050	050	000	000	025	000	000	075
20	050	075	050	050	050	025	000	000	−050	000	000	025
30	050	125	050	050	080	025	000	000	025	000	000	000
40	050	050	050	050	030	025	000	000	000	000	000	000
50	050	050	050	100	060	025	000	000	025	000	000	000

	7 Après 1200 coups. N°s des cloisons.		8 Après 1400 coups. N°s des cloisons.		9 Après 1600 coups. N°s des cloisons.		10 Après 1800 coups. N°s des cloisons.		11 Après 2174 coups. N°s des cloisons.		12 Après 2222 coups. N°s des cloisons.	
	3-4,9-10.	6-7,12-1.	3-4,9-10.	6-7,12-1.	3-4,9-10.	6-7,12-1.	3-4,9-10.	6-7,12-1.	3-4,9-10.	6-7,12-1.	3-4,9-10.	6-7,12-1.
0	000	+125	−050	−025	000	000	+025	+025	+025	+100	000	+025
10	000	025	025	000	025	000	050	025	025	000	000	000
20	000	025	025	000	000	000	000	025	000	000	000	000
30	000	025	025	000	000	000	000	000	000	000	000	000
40	000	025	025	000	000	000	−025	000	000	000	000	000
50	000	025	025	000	000	000	025	000	000	000	000	000

Canon n° 2, non fretté. — Coulée n° 608.
Vérification des diamètres de l'âme mesurés au fond des rayures. D = 81mm.

	1 Numéros des rayures.		2 Numéros des rayures.		3 Numéros des rayures.		4 Numéros des rayures.		5 Numéros des rayures.		6 Numéros des rayures.	
	1 et 7.	4 et 10.	1 et 7.	4 et 10.	1 et 7.	4 et 10.	1 et 7.	4 et 10.	1 et 7.	4 et 10.	1 et 7.	4 et 10.
0	−150	−150	−150	−175	−125	−150	−150	−150	−175	−225	−125	−175
10	125	150	150	175	125	125	150	150	175	200	125	150
20	120	150	125	150	125	125	150	150	175	175	125	125
30	100	200	125	150	125	125	150	150	150	175	125	125
40	200	150	225	100	125	100	150	150	150	150	125	125
50	150	150	225	100	125	100	150	150	150	125	100	100

	7 Numéros des rayures.		8 Numéros des rayures.		9 Numéros des rayures.		10 Numéros des rayures.		11 Numéros des rayures.		12 Numéros des rayures.	
	1 et 7.	4 et 10.	1 et 7.	4 et 10.	1 et 7.	4 et 10.	1 et 7.	4 et 10.	1 et 7.	4 et 10.	1 et 7.	4 et 10.
0	−175	−225	−150	−200	−175	−200	−150	−200	−125	−175	−125	−175
10	175	225	150	175	150	175	125	175	150	175	125	175
20	150	175	150	150	150	150	125	125	125	150	125	175
30	150	150	150	125	150	125	125	125	100	150	100	175
40	150	150	125	100	150	125	125	100	100	150	100	150
50	150	125	125	100	150	100	100	100	100	150	100	125

Observations. — Les rayures et les cloisons sont peu nettes; elles portent la trace de broutages fréquents, un bouchon qui s'est détaché dans l'âme. — Il n'y a pas de déformation sensible à l'origine des rayures dont quelques-unes sont très-marquées. — 7e visite. Éraflure à 0m,15 de la tranche de la bouche, due à ou du moins au point qui correspond à zéro. Ce point est, en effet, à quelques centimètres de la chambre.

Canon n° 3, fretté. — Coulée n° 612.
Vérification des diamètres de la chambre. D = 82mm,20.

	1 Avant le tir. Diamètres.		2 Après 200 coups. Diamètres.		3 Après 400 coups. Diamètres.		4 Après 600 coups. Diamètres.		5 Après 800 coups. Diamètres.		6 Après 1000 coups. Diamètres.		7 Après 1200 coups. Diamètres.	
	V.	H.	V.	H.	V.	H.	V.	H.	V.	H.	V.	H.	V.	H.
0	+600	+575	+800	+850	+850	+860	+825	+855	+850	+750	+900	+825	+850	+800
2	600	550	600	600	600	600	625	575	600	575	600	600	600	600
4	575	550	550	550	550	550	575	575	600	550	600	600	600	600
6	550	550	550	550	550	550	−100	575	600	550	−600	600	"	575
8	550	550	575	550	550	550	+600	575	575	550	+600	600	600	575
10	600	550	575	550	550	500	600	575	575	550	600	600	600	575
12	550	550	575	550	550	550	575	575	575	550	600	600	600	575
14	550	550	575	550	550	550	575	575	575	550	600	600	600	575
16	550	550	575	550	550	550	575	575	575	550	600	600	600	575
18	550	550	575	550	550	575	575	575	575	575	600	600	600	600
20	550	550	575	550	550	475	575	575	575	575	600	600	600	600
22	550	550	575	650	550	550	575	575	575	575	600	600	600	575
24	550	550	575	550	550	550	550	575	575	575	600	600	600	575
26	550	550	550	550	550	525	550	575	575	524	575	575	575	550
28	550	550	500	500	500	500	500	525	475	475	550	550	525	500

8 Après 1400 coups. Diamètres.		9 Après 1600 coups. Diamètres.		10 Après 1800 coups. Diamètres.		11 Après 1900 coups. Diamètres.		12 Après 2000 coups. Diamètres.		13 Après 2070 coups. Diamètres.		
V.	H.	V.	H.	V.	H.	V.	H.	V.	H.	V.	H.	
+900	+800	+875	+825	+1,475	+1,525	+1,475	+1,550	+2,000	+1,850	+2,200	+1,900	0
600	600	600	600	825	775	800	775	1,700	1,625	1,650	1,625	2
600	600	600	600	725	650	775	650	2,200	1,800	2,250	1,800	4
"	600	−400	575	700	625	675	625	2,000	2,000	2,225	2,025	6
+600	600	+600	575	625	600	650	000	2,050	2,250	2,025	2,250	8
600	600	600	550	625	575	675	600	2,100	2,300	2,050	2,350	10
600	600	600	550	575	575	625	625	2,000	2,000	2,075	2,050	12
600	600	575	575	575	575	600	600	1,500	1,600	1,550	1,650	14
600	600	575	575	575	550	600	603	1,200	1,225	1,200	1,250	16
600	600	575	575	600	570	600	600	1,075	1,100	1,100	1,100	18
600	600	600	600	600	575	650	600	1,025	1,050	1,050	1,075	20
575	600	575	550	600	575	600	600	1,000	1,075	1,100	1,075	22
575	550	550	625	575	575	625	625	1,400	1,300	1,350	1,275	24
550	550	525	525	600	575	650	625	1,500	1,450	1,500	1,500	26
525	500	500	475	625	600	650	625	1,600	1,550	1,575	1,600	28

Observations. — Les diamètres soulignés dans les colonnes V correspondent au grain de lumière. — ... le cône d'entrée pour faciliter le mouvement de la tête mobile et de l'obturateur. — 6e, 7e, 8e et 9e visites. ... outre les érosions provenant de l'écoulement des gaz. — 12e visite. Déformations sensibles au-dessous

1re visite. Alésage trop fort de six dixièmes de millimètre. — 2e visite. On a dû agrandir légèrement ... pas d'agrandissement de diamètre, mais usure du métal. — 10e visite. Plusieurs fentes dans la chambre, ... du joint des frettes, plus encore qu'à l'emplacement du projectile.

Canon n° 3 fretté. — Coulée n° 612.

	1 Avant le tir. Nos des cloisons.		2 Après 200 coups. Nos des cloisons.		3 Après 400 coups. Nos des cloisons.		4 Après 600 coups. Nos des cloisons.		5 Après 800 coups. Nos des cloisons.	
	1-2, 7-8.	4-5, 10-11.	1-2, 7-8.	4-5, 10-11.	1-2, 7-8.	4-5, 10-11.	1-2, 7-8.	4-5, 10-11.	1-2, 7-8.	4-5, 10-11.
0	000	000	+ 050	— 025	000	+ 025	+ 050	+ 050	+ 025	+ 050
10	— 025	000	075	025	000	000	025	050	025	050
20	025	000	025	025	000	000	025	050	025	025
30	025	000	025	025	000	000	025	000	025	025
40	025	000	050	000	000	000	025	000	025	025
50	025	000	025	+ 025	000	000	025	000	050	025

Canon n° 3 fretté. — Coulée n° 612.

	1 Numéros des rayures.		2 Numéros des rayures.		3 Numéros des rayures.		4 Numéros des rayures.		5 Numéros des rayures.	
	1 et 7.	4 et 10.	1 et 7.	4 et 10.	1 et 7.	4 et 10.	1 et 7.	4 et 10.	1 et 7.	4 et 10.
0	— 075	— 075	— 100	— 100	— 075	— 050	— 125	— 075	— 075	— 100
10	050	050	025	025	000	000	050	025	025	050
20	025	025	000	000	+ 025	+ 025	050	025	000	050
30	000	025	000	000	025	025	025	000	000	000
40	000	000	000	+ 025	025	075	025	050	000	+ 025
50	000	000	000	025	050	075	025	075	000	075

Observations. — 1re visite. Plusieurs défauts d'alésage sur les cloisons. — 4e visite. Deux graflures sensibles provenant de bouchons tombés pendant le placement du projectile. — A part ce dégradations qui n'ont aucune influence sur la résistance de la pièce, l'âme ne présente rien de particulier jusqu'à la fin du tir.

Les tracés ci-dessous représentent graphiquement les

Profils de la chambre dans les tubes.

Vérification des diamètres de l'âme sur les cloisons. $D = 78^{mm},6$.

	6 Après 1000 coups. Nos des cloisons.		7 Après 1200 coups. Nos des cloisons.		8 Après 1400 coups. Nos des cloisons.		9 Après 1600 coups. Nos des cloisons.		10 Après 1800 coups. Nos des cloisons.		11 Après 2070 coups. Nos des cloisons.	
	1-2, 7-8.	4-5, 10-11.	1-2, 7-8.	4-5, 10-11.	1-2, 7-8.	4-5, 10-11.	1-2, 7-8.	4-5, 10-11.	1-2, 7-8.	4-5, 10-11.	1-2, 7-8.	4-5, 10-11.
0	+ 050	+ 200	+ 050	+ 100	+ 025	+ 050	+ 125	+ 125	+ 125	+ 125	+ 350	+ 150
10	025	050	050	075	000	025	075	075	025	050	150	075
20	025	025	025	050	000	000	025	025	000	025	025	050
30	025	000	025	025	— 025	000	025	025	025	025	025	025
40	025	025	025	025	000	000	025	025	025	025	025	025
50	025	000	025	025	000	000	025	000	025	000	025	025

Vérification des diamètres de l'âme mesurés au fond des rayures. $D = 51^{mm}$.

	6 Numéros des rayures.		7 Numéros des rayures.		8 Numéros des rayures.		9 Numéros des rayures.		10 Numéros des rayures.		11 Numéros des rayures.	
	1 et 7.	4 et 10.	1 et 7.	4 et 10.	1 et 7.	4 et 10.	1 et 7.	4 et 10.	1 et 7.	4 et 10.	1 et 7.	4 et 10.
0	— 150	— 175	— 125	— 100	— 075	— 100	— 150	— 150	— 125	— 100	— 025	— 050
10	075	125	050	025	000	025	075	075	050	050	025	075
20	000	125	+ 025	000	000	025	050	075	025	025	000	075
30	+ 025	125	025	+ 025	+ 025	+ 025	025	050	000	000	000	025
40	025	000	025	025	025	050	025	025	000	000	000	000
50	025	+ 125	025	075	025	125	000	025	000	+ 025	000	+ 025

graflures sensibles provenant de bouchons tombés pendant le placement du projectile. — A part de particulier jusqu'à la fin du tir.

résultats obtenus, soit dans les épreuves des tubes, soit dans celles des canons.

L'échelle est de $\frac{3}{10}$ pour les abscisses et de $\frac{10}{1}$ pour les ordonnées.

TUBES.

1° *Résistance du métal.* — Profils de la chambre des tubes 618 n° 3, 608 n° 1, 938 n° 1 après la charge de 1 200 grammes, poudre ordinaire.

2° *Bronze et acier comparés.* — Tube en bronze A après la charge de 700 grammes, poudre ordinaire. Tous les tubes en acier tirés à la poudre ordinaire se déforment plus du côté de la lumière que de la culasse. C'est l'inverse dans le bronze. On trouve l'explication de cette anomalie, en constatant que la lumière est du côté du pied du lingot.

3° *Frettage.* — Le profil du tube 612, n° 3, fretté, est remarquable et fait voir l'influence de la frette centrale. Le maximum de déformation correspond aux joints des frettes.

4° *Effets comparés des deux poudres.* — Profils des tubes 938, tirés, l'un à 1 200 grammes de poudre ordinaire, l'autre à 1 200 grammes de poudre A_1. Cette dernière est celle qui déforme le plus un tube fermé aux deux bouts; la déformation, maximum au centre, va en diminuant également de chaque côté.

CANONS.

1° *Résistance du métal.* — Confirmation des épreuves des tubes pour les aciers 618 et 608 (canons n°ˢ 1 et 2).

Profils de la chambre dans les canons à la fin du tir.

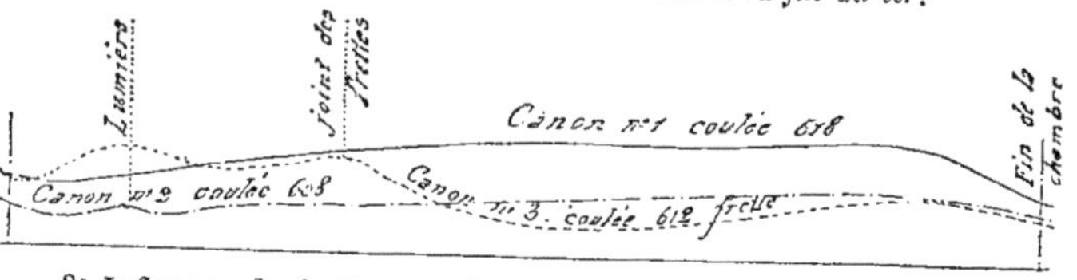

2° *Influence du frettage.* — Le frettage diminue la déformation diamétrale. — Danger du joint des frettes.

3° *Influence du logement du grain de lumière.*

RÉSUMÉ.

Les nouveaux procédés de production de l'acier permettent de l'obtenir en masses considérables, et de l'employer aux usages les plus divers; mais lorsqu'il s'agit de lui donner une destination spéciale aussi délicate que l'établissement d'une bouche à feu, sa fabrication exige des études et des précautions particulières. C'est, en effet, non-seulement dans la pureté des matières premières, dans le choix du procédé d'élaboration, dans la proportion des mélanges et la conduite de l'opération, qu'il faut chercher les éléments du succès, c'est encore dans les travaux ultérieurs, tels que le martelage et la trempe, qui peuvent, dans la plus large mesure, modifier les propriétés du métal.

Un tel problème ne peut être résolu complétement que par de longues et persévérantes études, des expériences méthodiques suffisamment prolongées.

Les résultats obtenus au Creusot en 1873 ne sont donc pas complets, mais ils sont satisfaisants et doivent encourager aussi bien le maître de forges que le service de l'artillerie à poursuivre sans précipitation, comme sans perte de temps, des expériences qui ne peuvent manquer de conduire à la solution de cette grave et importante question.

Résistance du métal. — Le but que s'était proposé M. Schneider dans ces premiers essais peut être considéré comme pleinement atteint. L'acier doux, beaucoup plus résistant que le bronze, témoigne comme lui sa fatigue par des signes extérieurs sur lesquels il est impossible de se méprendre. Ces signes apparaissent dans les tubes à la suite de quelques coups tirés dans des conditions exceptionnelles ; dans les canons ils résultent de la répétition prolongée d'un effort beaucoup moins considérable.

Très-supérieur au bronze, l'acier doux est néanmoins sujet à des matages et à des déformations qui, s'ils ne menacent pas l'existence de la bouche à feu, sont au moins préjudiciables à la justesse du tir et à la facilité de la manœuvre. A ce titre, parmi les aciers possédant la même résistance, celui qui est le moins sujet à se déformer doit être considéré comme le type dont il faut chercher à se rapprocher le plus possible pour la fabrication des canons.

Placés par la construction même de la pièce dans des conditions défavorables, les aciers éprouvés au Creusot ont néanmoins supporté, sans arriver à la limite de leur résistance, un tir exceptionnel dépassant de beaucoup les épreuves auxquelles sont exposées en campagne les bouches à feu du même calibre. Néanmoins, le faible écart entre les duretés des trois canons se traduit par une différence sensible dans les effets produits par le tir. Plus l'acier est doux, plus les signes de fatigue sont précoces et développés. C'est ainsi que dans le canon n° 1 (coulée 618) l'agrandissement du diamètre de la chambre commence après 1 200 coups et atteint 2^{mm} à la fin du tir, tandis qu'il n'est sensible qu'après 1 600 coups et ne dépasse pas $1^{mm},25$ dans le n° 2 (608). Les marbrures extérieures, très-accusées dans le premier, sont à peine visibles sur le second; enfin les érosions provenant de l'écoulement des gaz autour du projectile sont bien plus nombreuses et plus profondes dans l'un que dans l'autre.

La résistance à la rupture est la même, mais les déformations sont loin d'avoir la même importance. Le canon n° 2 se rapproche donc plus que l'autre du type que l'on doit chercher à atteindre. Répond-il mieux qu'un acier plus dur aux conditions du problème? Telle est la question que les expériences dont ce rapport rend compte ne pouvaient résoudre. Cependant les épreuves des tubes de la coulée 938, dont le métal est sensiblement plus carburé, permettent de croire que le canon n° 2, malgré la remarquable résistance dont il a fait preuve, n'est pas le dernier degré de dureté que l'on peut atteindre sans danger.

Entre deux aciers dont l'un éclate sans prévenir, et dont l'autre, quoique beaucoup moins tendre que le bronze, est encore sujet à de sensibles déformations, il y a place pour un métal également éloigné des deux extrêmes. Ainsi que l'a dit M. Schneider, au début de ses études, c'est une question de limite que l'expérience doit se charger de résoudre. Il y a donc lieu de regretter que les essais aient été bornés à des aciers peu carburés et de nuances trop peu différentes. Deux canons de plus, l'un ayant la dureté du lingot 938, l'autre de nuance intermédiaire entre les aciers des coulées 608 et 938, auraient peut-être suffi, sinon pour fixer les idées d'une manière absolue, du moins pour resserrer la question entre deux limites dont l'écart doit être assez large, à la condition toutefois d'avoir toujours un métal parfaitement pur et sain.

Ces limites une fois déterminées, le maître de forges se croit sûr d'obtenir au four Martin une fabrication régulière, que peuvent contrôler, du reste, les essais journaliers à la traction, et de temps à autre quelques épreuves de tubes à la poudre.

Quant au martelage et à la trempe, il ne paraît pas douteux que l'on puisse arriver rapidement, dans une grande usine, à faire ces opérations de la manière la plus satisfaisante.

En dernière analyse, les aciers des coulées 612 et 618 paraissent un peu trop doux, l'un à cause du renversement des filets et de l'allongement du tube, l'autre en raison de ses précoces déformations diamétrales. Le métal du canon n° 2 coulée 608, beaucoup plus satisfaisant, peut être considéré comme la limite inférieure de dureté à admettre dans la fabrication des bouches à feu, la limite supérieure ne pouvant être déterminée que par des expériences complémentaires pour lesquelles deux canons seraient sans doute suffisants, et qui devraient être exécutées dans des conditions identiques à celles de 1873, même type de bouche à feu, mêmes dimensions extérieures, même programme et même poudre.

En prenant les précautions indiquées par l'expérience et en renforçant les fermetures de culasse, il ne serait pas impossible de tirer ces pièces (et parallèlement avec elles le canon n° 2) aux grandes charges de poudre ordinaire. On continuerait, en même temps, les essais sur les tubes et l'on chercherait à établir d'une manière plus précise la relation qui les relie, d'une part avec les essais à la traction, et de l'autre avec les épreuves de tir des bouches à feu.

Frettage. — Le frettage est une garantie à la fois contre les éclatements brusques et contre les déformations diamétrales. Dans l'état actuel de la fabrication de l'acier, jusqu'à ce que l'on soit mieux fixé sur le degré de dureté à admettre et sur la régularité parfaite de la production, il serait imprudent de négliger un tel élément de sécurité. Avec des aciers trop vifs, il faut l'employer pour diminuer le danger des ruptures ; avec des aciers doux, il n'est pas moins essentiel pour empêcher les agrandissements du diamètre de la chambre.

Cependant, tel qu'il est généralement appliqué en

France, le frettage n'empêche pas l'allongement longitudinal et crée des points faibles dans la chambre et dans l'âme de la bouche à feu. Il semble qu'on doive chercher à réduire le nombre des frettes et à augmenter leur longueur. Il faut pour cela mettre en balance, d'une part, les inconvénients des joints, d'autre part les avantages qu'offre, au point de vue de la résistance à l'éclatement, le procédé de fabrication par enroulement, procédé qui ne peut s'appliquer qu'à des frettes d'une longueur limitée.

La question du frettage ne doit pas être confondue avec celle de la résistance du métal ; elle demande une étude spéciale de la part du fabricant, aussi bien que de l'artilleur, et elle est d'une importance extrême dans l'établissement d'une artillerie en acier.

Fermeture de culasse et obturateurs. — La fermeture de culasse des canons de $78^{mm},6$ est insuffisante pour le tir à la poudre ordinaire, avec des charges supérieures à 1 kilogramme. Les obturateurs eux-mêmes ne peuvent résister aux effets brisants de cette poudre, et sont promptement mis hors de service. Aux charges normales, au contraire, ils peuvent avoir une durée presque indéfinie ; toutefois leur conservation est d'autant plus parfaite que la tête mobile est mieux ajustée dans son logement.

Effets comparés des deux poudres. — C'est surtout sur les fermetures de culasse et les obturateurs que se fait sentir la différence des effets produits par les deux poudres employées dans les expériences du Creusot. Le canon lui-même ne semble pas beaucoup plus éprouvé par la poudre ordinaire que par la poudre A_1. Cette dernière, cependant, a pu être tirée couramment à la charge de 1 350 grammes (chambre pleine), sans produire trop de dégradations sur les organes de la fermeture, tandis que quelques coups à 1 100 grammes de poudre ordinaire suffisent pour en rendre la manœuvre très-difficile. D'autre part, les épreuves des tubes ont permis de constater que la poudre lente, qui fatigue moins que la poudre vive une bouche à feu ordinaire, produit, au contraire, des déformations plus sensibles dans un tube fermé aux deux bouts.

Grain de lumière. — La mise hors de service du canon n° 3 a été causée par le grain de lumière. Des dégradations analogues ont pu être enrayées à temps dans les deux autres pièces. Il n'y a donc aucun doute sur l'affaiblissement qui résulte, pour un canon en acier, de la présence d'un grain de lumière ; le danger augmente si ce grain est en cuivre, métal plus malléable qui, sous l'action des gaz, ne tarde pas à s'ovaliser à son débouché dans la chambre. Le mieux, pour éviter ce grave inconvénient, serait de ne point entamer le métal de la pièce et de percer le canal de lumière dans la culasse. Si cependant cette disposition paraît d'une application trop difficile, il semble nécessaire de renoncer au cuivre. Le canal de lumière serait percé dans le métal même de la pièce, et ce n'est que lorsqu'il serait trop dégradé que l'on mettrait en place un grain en acier.

CONCLUSION.

Éviter d'une part les brusques éclatements, de l'autre les trop promptes déformations qui rendent l'emploi du bronze incompatible avec les exigences de l'artillerie moderne, tel est le double but que M. Schneider s'était proposé au début de ses expériences, et qu'il a incontestablement rempli.

Des accidents analogues à ceux qui ont fait rebuter en Russie tout un matériel d'artillerie provenant des ateliers de Krupp, ne sont point à craindre avec les aciers doux essayés au Creusot en 1873. Les trois canons de $78^{mm},6$ ont, en effet, subi, sans atteindre la limite de leur résistance et sans se déformer à beaucoup près autant que le bronze, des épreuves à outrance auxquelles ne sont jamais exposées des bouches à feu de même calibre en service ordinaire.

Les essais, néanmoins, ont été trop peu nombreux et ont porté sur des nuances d'acier trop peu différentes pour que la question puisse être considérée comme complétement résolue.

Le métal le moins doux est celui qui a donné les résultats les plus satisfaisants, c'est donc à lui qu'il faudrait donner la préférence, si l'on n'était tenté de croire que des aciers de dureté un peu supérieure répondraient mieux encore aux conditions que doit remplir un bon métal à canons.

Sans sortir du métal doux, si les essais avaient été étendus à des aciers plus carburés, on aurait pu sans doute déterminer, avec une approximation suffisante, les limites entre lesquelles il convient de se tenir pour éviter à la fois les deux écueils signalés plus haut.

Les expériences de 1873, pour produire tous leurs fruits, ont donc besoin d'être complétées, et ce qu'il y aurait à faire dans ce sens se trouve indiqué dans le résumé du rapport.

Quoi qu'il en soit, il ressort de ces premiers essais que le Creuzot possède tous les éléments nécessaires à la production de bons canons en acier. Dès le début d'une fabrication nouvelle et délicate, les résultats ont été remarquables. En poursuivant avec persévérance des essais si bien commencés, il n'est pas douteux que cette usine arrive, aussi bien que d'autres établissements métallurgiques, à produire couramment des aciers qui, convenablement frettés, répondront à tout ce que l'artillerie peut exiger comme résistance à la rupture ou à la déformation.

LÉGENDE DE LA PLANCHE.

Fig. 1. — *Lumière en acier et pièce de joint ayant remplacé la lumière en cuivre rouge dans le canon n° 1, après les 1 516 premiers coups.* — Affouillements produits par les gaz, dans cette lumière en acier, pendant le tir compris entre le 1 516e et le 2 140e coup.

Fig. 2. — *Tube-éprouvette en acier : tube n° 2 non fretté — lingot 608.* Échelle ¹/₅. Marbrures, visibles à l'œil nu et sensibles au toucher, sur la surface extérieure de l'éprouvette après le tir.

Fig. 3. — *Tube-éprouvette en acier : tube n° 3 fretté — lingot 612.* Échelle ¹/₅. Vue du tube après le tir, les frettes disjointes.

Fig. 4. — *Tube-éprouvette en bronze : tube A (bronze de la fonderie de Bourges).* Échelle ¹/₅. Vue de face de la déchirure.

Fig. 5. — *Même tube.* Vue opposée à la déchirure.

Fig. 6. — *Vis porte-lumière des tubes-éprouvettes.* Échelle ¹/₂. Affouillements produits par les gaz après un tir de 10 coups aux charges de 300, 400, 500, 600, 700, 800, 900, 1 000 et 1 200 grammes. Après chaque coup, le grain de lumière (L) a été changé. — Diamètres primitifs : $AB = 9^{mm}$; $CD = 16^{mm}$.

Fig. 7. — *Tableau donnant les effets produits par l'action des gaz dans les grains de lumière des tubes-éprouvettes.* Échelle ²/₃. A chaque nouvelle charge, l'éprouvette recevait un nouveau grain. Diamètre primitif de la lumière, $2^{mm},50$.

Colonne verticale n° 1. — Agrandissement des lumières d'un tube essayé avec la poudre A_1. — Grains de lumière en acier.

Colonne verticale n° 2. — Agrandissement des lumières d'un tube essayé avec la poudre ordinaire (de Vonges). Grains de lumière en acier.

Colonne verticale n° 3. — Agrandissement des lumières d'un tube essayé avec la poudre ordinaire (de Vonges). — Grains de lumière en cuivre rouge.

Les charges sont indiquées en chiffres renversés sur chaque grain. — Les petits chiffres indiquent le rapport de la section d'agrandissement de la lumière à la section primitive.

9 782019 953720